Idea man

Idea man

Idea man

最短時間，最高效率！50個超學習法

最短で結果が出る「超・学習法」ベスト50

國際教育演講家・生物駭客
井口晃——著
韓宛庭——譯

- 想要「迅速」、「有效」地改變自己。
- 每次下定決心要讀書，最後都以三分鐘熱度收場。
- 讀是讀了，但吸收效率很差，為此苦惱。
- 想要一次通過大考和檢定考。
- 想要提升學習輸入效率，成為工作和休閒的雙面贏家。
- 想要靈活自在地運用英語，處處不卡關。
- 想要在任何情況下，都能集中注意力。
- 當學生時不愛念書，長大後想好好重學……等等。

給有以上想法的所有人：

我是一個跑遍世界各地，
砸下超過一億日圓的資金總額及二十年光陰，
日日埋頭學習以及實踐的「學習狂人」。
我把我得出的五十個「超學習法」寫在書中，與你分享。

假如你正為學習而苦，
相信當你讀完這本書後，
就能以最短、最快的速度，
迅速學會你想學會的所有技能。

推薦

不僅快速達標，也是一套縝密的方法與系統

認識我的朋友可能都知道，我熱愛閱讀，同時也是一位跨領域的學習者，涉獵的範疇從電子、資訊、管理、傳播、文創到工業工程等領域。但是我並不因此感到自滿，正所謂「人外有人，天外有天」，過往在臺大等校求學的階段認識了很多位學霸，也深知這個世界還有很多狂人和奇才的存在。

舉例來說，就像是《最短時間，最高效率！50個超學習法》這本書的作者井口晃。他在書裡提到，自己是一個跑遍世界各地，砸下超過一億日圓的資金總額及二十年光陰，日日埋頭學習以及實踐的「學習狂人」。

這點讓我自嘆弗如。我想，並不是每個人都有能耐像他這樣砸下許多時間和金錢來投入學習。說到這裡，就要感謝商周出版引進這本新書，讓我們不用出

國，就可以從字裡行間一窺堂奧。

老實說，我剛開始閱讀本書時，內心還是半信半疑。大家都說現在是一個重視功利、講求速成的年代，我自然知道打著「超學習法」的招牌，很容易吸引到社會大眾的眼球。但是，「超學習法」真的有效嗎？自認是學習愛好者的我，以往總是信奉「一分耕耘，一分收穫」的道理，甚至有時候還會覺得面對學習無法心存僥倖，就算是加倍努力也要覺得甘之如飴。

也許因為個性使然，所以我並不排斥「十分耕耘，一分收穫」，但我也知道在當下這個年代，大家還是渴盼有一套真正有效的學習方法可以依循。

然而，學習真的能夠速成嗎？我在閱讀這本書的時候，不免還是會對作者的這番論述感到好奇！但是當我再仔細一看書中的內容時，我赫然發現在「超學習法」的背後，其實是有一套縝密的方法與系統，更有趣的是作者所提倡的五十個超學習法，其中有好幾個是我原本就有在實行的方法！

他提到了短期集中學習的五大重點，分別是：尋找仿效對象、具體寫下想要的成果及原因、短期集中學習、定期複習以及找朋友一起學。

我不但認同這樣的做法，而且早在幾年前就開始這樣做了！甚至，我還為了想要學習寫作的朋友們打造一套獨特的學習方法，也就是從二〇一九年元月推出至今的「Vista寫作陪伴計畫」（https://www.vista.tw/writing-companion）。

近年來，我在許多企業、大學院校和公部門授課，也深知很多人一聽到寫作就頭皮發麻。其實，坊間有關寫作的書籍或課程相當多，只要花點時間學習，很快就可掌握箇中的重點。但問題來了，既然寫作並沒有大家想像得那麼難，為何這件事還是困擾著許多人呢？我發現大家對學習寫作感到挫敗的主要癥結，可能是出在沒有自信，加上練習不夠。即便買書來看或四處上課，仍因為缺乏練習的動機與環境的緣故，很快又把所學的寫作知識還給老師了！

有鑑於此，我在三年半之前推出了「Vista寫作陪伴計畫」，基本上就是按照作者在書中所提到的五大重點來設計這個寫作陪伴服務。

一、尋找仿效對象：我會先問學員是否有想要仿效的對象，並陪伴學員一起擬定學習計畫。

二、具體寫下想要的成果及原因：我會深入瞭解學員的實際動機與需求，一起設定想要達成的目標（好比想要銷售商品、投稿或出書等）。

三、短期集中學習：每次以三個月為期，希望鼓勵學員透過短期內大量練習的方式來精進寫作。

四、定期複習：學員寫好文章之後，由我給予點評和回饋，並且針對文章需要改進的部分進行修正。其他同學，可以藉此機會觀摩和學習。

五、找朋友一起學：「Vista寫作陪伴計畫」採小組共學的教學模式，透過同儕的社群力量一起共學，學習的成效會比傳統寫作課更高。

綜觀本書，作者不但現身說法，也幫大家搜羅了許多精彩案例，更讓我們理解「超學習法」是真的可行的！如果你也想要自我精進和提升，我很樂意向你推薦這本好書。

對了，除了「短期集中學習法」，書上還介紹了許多實用的學習方法，現在就等待你來發掘囉！

「Vista寫作陪伴計畫」主理人 **鄭緯筌**

前言

學會本書介紹的五十個「超學習法」，從今以後，不管你在任何領域，都能以最短、最快的速度驗收成果。

我先舉個例子。我們都在學校的義務教育期間，學過好幾年的英語對吧？然而放眼望去，我們身邊又有幾個人真的靠著學校的義務教育，就能開口說英語呢？

我還觀察到一個現象，許多人汲汲營營地搶讀商業書和自我啟發書，到頭來卻只能說是「讀心安」。還有人四處報名課程講座，想學得一技之長，最後仍無法學以致用。

也就是說，世界上有太多砸下時間重本學習進修，實際上卻什麼也沒得到的例子。

為什麼會這樣？

原因不是出在你「沒有才華」。

也不是因為你「學歷不高」。

更不是因為你「基因不好」。

而是「學習方法」出了問題。

人類的學習行為，最初是自然而然發生的。

小嬰兒不用人教就會自動學走路，伸手抓取想要的物品，自行模仿父母說話，自然而然地長大成人。

可是，隨著年齡增長，人開始被迫「學習」。

學校老師負責教小朋友讀書寫字、背誦九九乘法表；才藝班負責教小朋友游泳、彈鋼琴；出了社會以後，則由公司的前輩和主管教導我們如何工作。

人生中有太多事情需要學習。

可是，從來沒有人教我們「怎麼去學」。

結果，被動學習就變成常態了。

●怎麼學都學不好？你用錯了「學習方法」

聽說訪問日本的學童：「人為什麼要讀書呢？」有高達八、九成的孩童會回答：「為了考試考高分。」、「為了考進好學校，以後才有好出路。」

也就是說，孩子讀書，不是為了實際在社會運用所學，而是為了在考場拿下好成績。這完全是本末倒置。

習慣了填鴨式教育的孩子不會主動學習，也難怪有些東西學了好幾年還學不會，始終不了解真正的問題出在哪裡。

不是只有小孩會卡關。

許多人出了社會以後，積極報名參加學習講座和線上課程，不惜砸下時間和大把大把的鈔票，只想求得一技之長，到頭來卻陷入「學了不會用」、「怎麼學都學不好」的惡性循環，這不正是從小到大習慣了「被動學習」所造成的結果嗎？

因此，無論你有什麼學習目標，都要先釐清：什麼是「正確的學習方法」。

一旦通曉了學習方法，就能幫助你在任何領域，用最短的時間、最高的效率學習達標。

●「學習方法」也需要學習

我在過去也有很長一段時間用敷衍的方法念書。

我讀的學校是縣內一流的升學名校，身邊每一位同學都很聰明。待在競爭激烈的環境底下，不管我再怎麼用功讀書，排名都落在中後段。知道自己怎樣都考不贏別人之後，我曾一度喪失了信心。

於是，我產生了這些想法：

「我再怎麼拚也拚不過別人……一樣的考試，我就是考得比別人差。即使如此，我還是希望能在其他方面有突出的表現。」

我絞盡腦汁思考對策，最後決定從本來就喜歡的英文科目著手。十八歲的我，想法很單純：「只要說得一口酷英語，就能把別人比下去。」

緊接著，我在二十歲時下定決心：「一年半後，我要去美國留學！」

直到那一刻，我才首度認真思考：

「只剩下一年半了，我該如何在剩下的時間內，有效率地學習英語呢？」

我開始斤斤計較一天必須讀多少進度，化身為極度在意「生產效率」的魔鬼。

「如果還是按照以往的模式，每天呆呆坐在書桌前背單字、照本宣科地死記文法，我的英語永遠學不好。我想要真的學會英語，但是到底該怎麼做呢？」

當時，我醒著睡著都在思索這件事，一邊與英語奮戰。回想起來，那是我人生第一次認真探索「如何學習」。「超學習法」的基礎，就是由此誕生的。

在美國留學期間，我試了各式各樣在日本讀書時沒用過的學習法，其中當然也有碰壁的時候。但是，當我反覆嘗試錯誤之後，發現了一件事：

「真正的學習不是枯坐在書桌前。除了動腦，還要運用身體及五感，有目標的主動學習，這樣才會提升學習效率。」

我自己的感覺是，學校現階段普遍使用、被認為最好的學習方式，說穿了都只是靠大腦死記默背，為了考試而讀。

請想想看，假設你今天想學騎腳踏車，看再多教學精華影片、死記教科書上的重點，都比不上實際騎騎看來得有用多了，對吧？

也就是說，唯有當你實際動腦、運用身體獲得經驗，才是真正意義上的「學習」。

日本人以認真、努力的民族性著稱。

許多人能做到嚴以律己、勤勉向學，還能樂在其中，不以為苦。

我相信日本人這項民族特質，絕對可以排到世界前幾名。

正因如此，我們更要好好發揮認真單純的優點。

首先要做的第一步，就是通曉「學習方法」。

學會本書精選的「超學習法」，就能讓你在任何領域，都以最短、最快的速度，輕鬆學會你想駕馭的知識技巧。

任何事情都一樣，沒試過都是未知數

要學就要學「有用的」！

●翻轉人生的最強學習術「超學習法」

「學會『超學習法』，就能幫助你在任何領域，用最短的時間、最高的效率學習達標。」

這是我的教育理念，也是本書最想傳達的主旨。

每個領域一定都有適合它的學習方法，學會了，就能用最小限度的時間體力，收穫最大限度的學習成果。

所以，首先要知道方法。

我直到十八歲都用錯了學習方式，這導致我在課業、在體育表現上都不好不壞，卡在中間。此外，我的身邊沒有朋友可以談心，更別提交到女朋友，就這樣黯淡地度過了青春年華。然後，我終於在某天想通，對自己的處境產生了危機意識。我這樣告訴自己：「不能再這樣下去，否則你就等著灰頭土臉過一輩子！」

從此以後，我有意識地改變學習方法，練就一身「超學習法」，成功地翻轉人生。以下舉幾個我的成功例子：

- **短短半年，多益（TOEIC）成績從三百分飆上九百分，去美國讀大學。**
- **從毫無社會經驗的呆學生，蛻變為連續十三年業績穩定成長的優良企業集團代表。**
- **從原本不擅長寫作文，蛻變為在世界各國出版了十本書的暢銷作家。**
- **從原本不擅長在人前講話，進步到可以在五千人面前用英語演講。**
- **在黃金時段的電視節目與知名藝人同台演出。**

其他還有更多例子，在此僅列代表。我可以明顯感受到轉換學習方式帶來的飛躍性成長。

我沒有含著金湯匙出生，也沒有天生才華洋溢。

我只是學會了「超學習法」，就得到了驚人的成就。

能不能連續締造佳績，與你的學歷、才華、基因、性別一律無關，差只差在你有沒有搞懂學習方法。

所以，趕快從窮忙的失敗學習畢業吧！

走在人生百歲時代，你的人生還有好多未完成的挑戰。學會「超學習法」，可以無限擴大你的人生疆域。

讀過本書之後，你就會明白，每一次學習、每一次感受新事物，都將大幅改變你的人生。

在這個處處都是學習機會、人人都能加速圓夢的時代，你最需要的就是超學習法。

誠摯地祝你在閱畢本書之後，找到開創美好人生的捷徑指標。

目錄

序章

效率提升八成！快速學習需要的「心態」調整

第1章

如何有效率地「增強記憶力」，讓身體記住

第2章

把內容化作血肉的「閱讀」技巧

第3章

超效實踐的「英語」速成心法

第4章 直通成果的「專注力」鍛鍊法

第5章 善用「線上教學」加速學習

最終章 透過學習打造全新的自己

教育的根是苦澀的，
但果實是甜美的。

——亞里斯多德（Aristotle，前三八四～前三二二，古希臘哲學家）

序章

效率提升八成！快速學習需要的「心態」調整

想學什麼因人而異。
但是，無論你想學什麼，
學了以後能否學以致用，
全取決於你是什麼心態（思考方式）。
心態對了，行為自然也會跟著改變。
換句話說，調整心態是你學會
「超學習法」最重要的第一步。

超學習法 1

心態占八成，方法占二成

本書將循序漸進地告訴你，「超學習法」為什麼這麼重要？要怎麼學？如何在現實生活中獲得成長？如何得到豐碩的成果？

直接看結論，「超學習法」顛覆了學校教育過往強調的「死背」，目的是讓每個人都能在各個領域當中，用最短、最快的速度習得知識技能，實際運用在社會當中。這是一套因應新的時代指標而生，走在時代尖端的學習方法。

「我到底該怎麼做，才能在最短的時間內，用最高的效率學會英語呢？」

這是當我要去美國讀大學前，面對短時間內必須學會英語的壓力，一整天抱頭苦思的問題。

當時，我邂逅了「醫學之父」希波克拉底的至理名言：

「心理的所有變化都會影響到身體健康，同樣地，身體的變化也會影響到心理健康。」

連希波克拉底都這麼說了，我們不得不承認，心理的變化——那些影響你的隻字片語、情緒波動，其力量可能超越了醫學上帶來的治療。

以保健食品來舉例，服用時深信著「一吃見效」，跟服用時懷疑「這是騙人的吧？」，兩者的效果必定會出現差異。

這就叫做「偽藥效應」（placebo effect），因為對藥效深信不疑，進而影響了療效。同樣地，話語也能對心理產生深刻的影響。

一個人的「心態」（思考方式）是由其深信的話語構成的，因此，心態對了，行為自然也會跟著改變。

如同我在序章說的，我在二十一歲時前往美國大學留學。

想去美國的其中一個原因是，我本來就很喜歡英語；另一個原因則來自我的一位大學同學。

他曾在高中時出國留學，有一天，我看見他和美籍老師用流利的英語交談。沒想到身邊會有年紀相仿的朋友，能用英語和美籍老師有說有笑地聊天，那一幕令我倍感衝擊。

接著，我想到：「既然我們年齡一樣，他做得到，我為什麼不行？」

坦白說，在此之前，我一直抱持一種僥倖心理，認為：「我很希望有朝一日能開口說英語，但我是日本人，不會說也是正常的。」

看到這位同學的表現，我真真切切地領悟到：「啊，不能再找藉口了。」從那一刻起，我在心中用力按下「認真」的開關。

在那以後，我發下豪願：「在把英語學好之前，我都不要回日本！」並決定要去美國留學。

日本的大學一個班級約有三十名學生，我自認是裡面「最想學好英語的」。

有些同學可能抱著比較輕鬆的心情想著「好想留學看看啊」、「想學學看英語」，但我不是。我用了比別人多一倍的雄心壯志拚命念書。

大部分同學上完課就理所當然地回家了，我則會留下來，拜訪美籍老師的辦公室，盡可能製造說英語的機會，或是去留學生聚集的房間交流，努力找他們攀談，哪怕只有一分一秒，我也想盡量增加接觸英語的機會。

這麼說可能有點厚臉皮，但說到學習心態，我自認勝過八成左右的同學。

你聽過「柏拉圖法則」（Pareto principle）嗎？這是義大利經濟學家維爾弗雷多·柏拉圖歸納出的財富分配經驗法則，內容指出，一個國家的總財富，有八成集中在二成的高所得者手裡，因此又稱作「80：20法則」。

「80：20法則」不只應用在經濟學，也能對應到自然現象、化學現象等各式各樣的範疇，當然也能套用在「學習」領域。

換句話說，想用最短的路徑習得一技之長，你需要的不是知識，不是埋頭猛讀。

渴望學會的「學習心態」占了整體的百分之八十，「需要的方法」卻只占了百分之二十，這絕不是我在誇大其詞。

再者，當你認為自己辦得到，就會有勇氣挑戰從前覺得「不可能學會」的困難技能。這股勇氣，就是帶你邁向成功的基石。

●成長心態VS.定型心態

卡蘿．杜維克（Carol S. Dweck）在她的著作《心態致勝：全新成功心理學》（*Mindse : The New Psychology of Success*）中，將人的心態分為兩種，**分別是「定型心態」（fixed mindset）與「成長心態」（growth mindset）。**

「定型心態」的人認為「人的資質不會改變」，他們常用最初分配到的幾張牌來面對挑戰，這種人往往難以接受失敗，總想要使自己看起來比實際需要的更強大。

相對地，「成長心態」的人相信「人會持續成長」，他們認為失敗是成長的必要過程，這種人容易用正面的心態接受自己當下的狀態。

「定型心態」的人在意著別人的評語，「成長心態」的人注意力則放在自我進步。

選擇哪一種心態，人生將走向完全不同的方向。

一旦採取了「定型心態」，認定能力是固定不變的，很容易把一次的結果當成全部。對這些人來說，成功是展現自我才智的方法，所以他們特別看重別人的評論。成功與否是他們關注的重點，因此，這種人容易逃避真正困難的課題，只著手眼前短期內就能解決的問題。此外，因為認定有才能就不需要努力，導致他們容易限制自我，無法完全發揮應有的潛能。

反觀「成長心態」，這些人認為能力是變動的，努力會使人變聰明，失敗為成功之母，得失心不用太重。

每個人在剛出生的那一刻，一定都熱愛學習新事物。

嬰兒從不害怕失敗，更不會因為失敗而羞恥。但在成長的過程裡，逐漸被教育成「定型心態」，習慣性地迴避失敗，造成的結果是停止成長。

請勇於迎接挑戰，不要害怕失敗，有做不好的地方，下次就知道如何改善。

「成長心態」教會你，哪怕沒自信也不用裹足不前，用輕鬆的心情迎接各種挑戰。

你還在「成長」嗎？還是「定型」了呢？

養成具有彈性的「成長心態」，持續成長吧。

超學習法 2

善用「視覺化」，用力想像你要的成果

實不相瞞，留學當時那段天天惡補英語的日子，真的苦不堪言。

每當我說話跟不上腦中的速度，因為溝通障礙而失意、焦慮之時，都會想起那位英語說得嚇嚇叫的同學。

「他一定也經歷過這段適應期，最後才能把英語練得那麼好。既然他可以，沒有道理我不行！」

我如此為自己打氣，抱著破釜沉舟的心情勤練英語。

現在想想，我應該是下意識把他的成功案例當作自己的未來了。

那段日子裡，我日日夜夜幻想「自己流利說英語的樣子」。這種具體想像的學習方式，就稱作「視覺化練習」（visualization）。

事實上，我能不屈不撓地戰勝英語，全歸功於「視覺化」的鞭策，要不是它，我恐怕早在中途舉手投降。

如果你正渴望學會某項知識技能，你要學的第一件事，就是「用力想像成功畫面」。

例如：

- **想要瘦身成功，請先想像已經瘦下來、身材曼妙的自己。**
- **想要開口說英語，請先想像和外國人愉快交談的自己。**

……以下類推。

在腦中清楚勾勒自己實現願望的模樣，能有效維持動力。此外，練習的時候一邊想像「已經駕輕就熟」的自己，還能連帶修正「你當下的行為」。

附帶一提，「視覺化」的效果已經有科學實驗證實。

美國芝加哥大學有一位布朗斯洛特博士做了一項研究，將參與實驗的人分成三組。三組分別設下不同的條件，針對籃球的罰球練習進行實驗。

三個條件分別為：

- **組別一：每天練習一小時罰球。**
- **組別二：每天在腦中進行視覺化的模擬訓練（沒有實際練習）。**
- **組別三：什麼也不做。**

布朗斯洛特博士先記錄了三組參加者本來的罰球命中率，接著請他們按照上述條件練習三十天，三十天後重新測驗。

三十天後，組別一的罰球命中率提升了百分之二十四，組別二提升了百分之二十三，組別三毫無變化。

令人訝異的是，組別二的參加者並未實際觸摸籃球，命中率提升的效果卻跟組別一相差無幾。

視覺化練習的效果就是如此驚人。

如何進行視覺化訓練

我們馬上按照步驟做做看吧。

● 步驟一

首先放輕鬆。

深呼吸之後，思考你想要的學習成果。

● 步驟二

具體想像你要的成果，那將會成為你的力量。你想像的目標有多具體，達成目標所需的力量就有多大。

你想要什麼樣的知識技能？想要什麼樣的身材？嚮往哪種人際關係？想去哪

裡旅行？什麼是你渴望的事業成功？什麼是你想要的快樂？請針對你想要的目標具體思考。

● **步驟三**

加入其他感覺。

想像你學會時的笑容、感覺，還有實際學成之後，朋友向你道「恭喜！」的聲音、畫面，以及你所處的環境、看到的風景與當下的種種細節。

● **步驟四**

想像你狀況最好的模樣。

為了達成心中的理想目標，你需要具備哪些性情呢？盡量具體思考。

例如：自信洋溢、腳踏實地、輕鬆愉快、活力充沛、勇敢前進、專注集中、擁有熱情……請用心感受狀況最好的自己吧。

● 步驟五

閉上眼睛，在腦中展開自我對話。

此刻，你想對自己說什麼呢？

請想像自己觀察到的現象（第一人稱視角）。

然後，也請想像旁觀者觀察到的現象（第三人稱視角）。

其中包括：學會技能或通過考試之前所經歷的種種心境。

接著，想像你從遠方欣賞自己完美表現的模樣。

● 步驟六

早上和晚上就寢前，用愉快的心情，花四～五分鐘時間完成上述步驟。

把視覺化訓練當成習慣。

Image!

視覺化訓練6步驟

步驟❶
首先放輕鬆。深呼吸之後，思考你想要的學習成果。

步驟❷
具體想像你要的成果。（技能、人際關係、事業成功等）

步驟❸
加入感覺。想像目標實現時的心情、畫面等。

步驟❹
想像你狀況最好的模樣。用心感受實現目標所需的自我條件。

步驟❺
閉上眼睛，在腦中展開自我對話。請一併想像旁觀者觀察到的現象。

步驟❻
早上和晚上就寢前，用愉快的心情，花四～五分鐘執行上述步驟並養成習慣！（回到步驟❶）

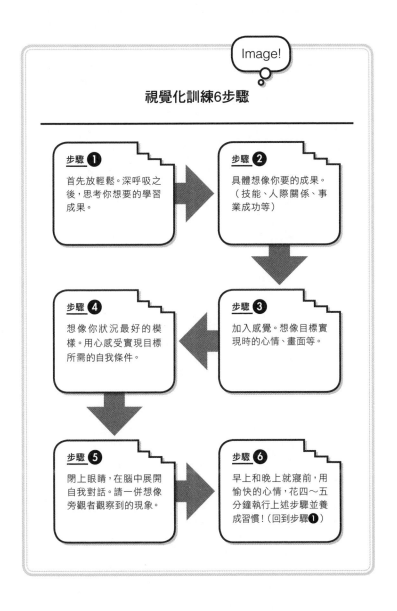

超學習法3

要知道在學成之前，難免有「時差」

你會拿起這本書，原因應該多多少少跟「無法學以致用」、「努力卻沒得到收穫」等痛苦經驗有關。

下定決心要學一項新技術，並且實際付諸行動，是一件非常棒的事。

但是，**一旦用錯了學習方法，不管你再努力、花再多時間去學，都無法實際運用。**

我透過留學領悟了這個道理，除此之外還有另一件事影響了我，我得先把話題帶回我一開始為什麼想學英語。

我國中和高中讀了一間以升學率知名的私立完全中學。

同一個班級裡面，有許多從小學開始就拚命用功的同學。

我直到國中才加入他們，累積的用功量自然完全無法相比，就算我再怎麼努力急起直追也贏不過他們。

我挫敗地想著：「那我到底有哪些方面贏得過他們？」想來想去，我發現自己比他們厲害的只有課外讀物的閱讀量。

當時，市面上流行幾本經典暢銷書，如《腦內革命》（春山茂雄）、《與成功有約：高效能人士的七個習慣》（史蒂芬·柯維）及《思考致富》（拿破崙·希爾）等，我因此讀了很多相關類型的自我啟發、心智訓練書。

讀著讀著，我也順勢產生了如下想法：

「好想去美國留學，以後住在美國。」

「只要把英語練好，就能在世界各地工作了。」

「我想要改頭換面、蛻變重生！」

這就是我開始熱衷學習的契機。

當時，直覺告訴我：**「只要精通英語，就有機會在世界各地工作。好，我就靠英語決勝負吧！」**之後，我開始發憤學英語（說來好笑，但不能否認，這是年輕氣盛才有的痴心妄想）。

怎麼知道，我雖有著滿腔鬥志，學習成果卻不如預期，還為此消沉了一段日子。

如今，我總算明白當年努力卻沒得到收穫的原因了。

因為我「只用頭腦」拚命死記。

正在翻閱本書的你，可能也跟當年的我一樣，覺得「努力也沒用，反正我就是學不起來」，為此灰心喪志。這不是你的錯，有很高的機率是學習方式出了問題。所以，你需要閱讀本書，進一步了解什麼才是有效的學習方式。

驗收成果的時間因人而異

你可能會想：「所以，我至今的努力都白費了嗎？」請放心，你曾經付出的所有辛勞，都是在為日後鋪路。

想要立刻看到結果是人之常情，但我必須告訴你，每個人收成的時間不盡相同。

我自己也有過一段撞牆期，曾自暴自棄地心想：「努力也沒用，上天是不是放棄我了呢……？」

可是，現在回頭想想，只是收成的時間比別人慢了一些吧。成功會在天時地利人和的時候降臨，這是我近年來的真實感受。

換句話說，如果想成就大事，最重要的就是永不放棄，保持平常心努力不懈。其次是實踐所學，「輸出」腦中的知識技能。

只要學不止息，你想要的一定會在最好的時機開花結果。請相信這點、永不放棄。

●天才需要花上一萬個小時；使用「超學習法」，一千個小時就能輕鬆搞定

美國知名作家、新聞記者麥爾坎・葛拉威爾（Malcolm Gladwell）做過一個有趣的調查。

他發現專精於某項領域的「天才」有個共同點，就是他們投注在該領域的時間，平均超過「一萬個小時」。

無論是世界知名的小提琴家、作曲家、職籃選手、小說家，還是西洋棋手，這些天才級的成功人士，背後都有一個魔術數字，即「一萬個小時」。

葛拉威爾在他的經典著作《異數：超凡與平凡的界線在哪裡？》（*Outliers: The Story of Success*）中寫道：

「我不曾在任何調查報告中發現，有人能在一萬個小時之內，達到世界級的頂尖水準，這個數字彷彿在說：大腦就是需要這麼多時間。我認為，這就是大腦吸收頂尖技術需要的所有資訊，需要花上的最短時間。」

如上所述，不限任何知識技術，如果想要達到「世界級的頂尖水準」，可能真的需要花上一萬個小時練習；而本書的目標是「精通」。

根據我多年的實踐和研究經驗，想要精通你嚮往的領域，使用「超學習法」，只要一千個小時就能輕鬆搞定。

你也許會嚇一跳：「什麼！需要一千個小時？」事實上，**只要你每天堅守兩個小時的學習時間，一千個小時只要一年半**就能達標。

因此，不妨把這一年半當作「基本時差」，朝一流的目標邁進吧。

超學習法 4

改掉習以為常的「過時學習法」

許多人甚至不知道世界上有效率更好的學習方式。

每次和開公司的朋友聊天，他們最常提到的話題之一，就是：「我該認真學英語了。」

每當我問：「你打算怎麼學？」

多數人會回答：

「我挖出了國中時的參考書，正在重新背單字。」

「我找到了考試用過的參考書，想重新打好基礎。」

我得遺憾地說，這些做法很可能只是白費力氣。

首先，我認為社會人士願意在工作繁忙之餘，抽空自主學習進修，是很了不起的一件事。

同時，我也感到相當納悶，心裡很想問：**「那些方法從沒讓你學會英語，你怎麼會認為現在試就會成功呢？」**

這是很現實的問題。一旦用錯了方法，努力也是丟到水裡。

●大膽拋開無用的學習方式

不限學習英語，減肥也是同樣的道理。許多人喜愛重複挑戰過去從沒成功過的減重方式，這是相當矛盾的一件事。

倘若過去不曾奏效，請不要懷疑，「這個方法不適合你」，失敗是必然的。

既然如此，為什麼還要如法炮製？

你好不容易立下了學習目標，希望這次真的學會，卻拘泥於單一的學習方式，下意識被過時的學習法給綁架了。

如前所述，從小到大，沒有人教導我們「如何學習」。

這導致我們時常忘了在學習方式上與時俱進，即使時代、年齡早已變遷，卻仍傻傻地用著過時的方式，沒有汰舊換新。

尤其日本從江戶時代（一六〇三～一八六七）的私塾開始，便灌輸學童「面對書桌默背」的讀書法，影響之深，連令和時代（二〇一九～）的新生學童都以為「讀書＝死背」。

學習看重實踐，而非死背。

正因如此，屏除陳舊的學習方式更顯重要。

身為一個現代人，有許多數據證實有效的學習方式可以嘗試。透過本書，你會認識許多新方法，請配合需求，自由活用。

相信你也曾經有過努力不得收穫、中途放棄的失敗經驗，那很正常。

真正浪費時間的，是一再重蹈覆轍。請先認知一件事：舊有的學習方式並不正確。丟開「過時的學習法」，迎接全新的「超學習法」，和我一起快速成長吧！

丟開過時的學習方式

嘗試學生時代失敗的讀書法，
再次重蹈覆轍。

大膽拋開陳舊的學習方式！
迎接全新的「超學習法」！

以前失敗過的
學習方式就別
再用了！
老舊的
死背法
國中的英
文單字簿

超學習法 5

學習不久拖，短期集中一次學到會

為什麼小朋友從國中開始學英語，一路學到大學，總共花了六到十年，英語還是學不好呢？我可以指出一個原因：「時間拖太長，記不住。」

為什麼會這樣？**因為時間太充裕，每次只學一點點，新的剛來，舊的就忘記了，難以維持學習動力。**

花了太多時間去學，也會連帶產生自我懷疑：「我是不是根本學不會？」導致學習速度一落千丈。

由此可知，想要精通一項技術，短期集中學習的效果，遠大於悠哉地慢慢學。

以考汽車駕照來舉例，參加兩週衝刺班的及格率，比花上好幾個月慢慢學開車來得高（資料顯示，衝刺班的及格率高達百分之九十八，駕訓班的及格率則落在百分之六十～七十）。

學英語也一樣。

設定類似「留學一個月」的短期目標，遠比一日一小時、總共花五年的時間學習來得迅速有效。

以下是個人經驗談。我在二十歲的時候，首次有機會以語言學習為目標，去紐西蘭短期留學一個月。在此之前，我完全無法開口說英語；但在一個月之後，我竟然就進步到可以應付日常對話。

這是因為我和寄宿家庭朝夕相處，從早上起床那一刻直到晚上就寢前，一天有十六個小時都在強迫學習英語帶來的效果。

還有另一件事也影響了我。十一年前，我決定挑戰世界最嚴酷的地獄超馬

「撒哈拉沙漠馬拉松」。下定決心之後，我向許多前輩討教了完賽的訣竅，並且憑著一股氣勢參加了比賽（當時的我還是個馬拉松超級菜鳥）。

但是，一位前輩告訴我：「勸你不要一個人練習，找曾多次完賽的撒哈拉超馬老手一起練習比較好。」因為這樣，我得到了和完賽老手一起練習的寶貴機會。

他們和我分享了許多最適合沙漠地形的跑法，並針對具體細節，像是「要再加強哪個部位的肌肉」、「早餐應該注重哪些飲食」、「用什麼方式推進比較好」等，細心地教導我完賽的訣竅。

身為一個毫無經驗的新手，與經驗老道的跑者們實際共同練習，成了我最寶貴的經驗。經由他們的指點，我得以初次挑戰撒哈拉沙漠就成功完賽。

與其像隻無頭蒼蠅用自己的方式四處亂轉，學了半天仍不得其門而入，不如針對實際項目，花五～十天短期集訓來得迅速有效。如今回頭想想，這不就是「超學習法」帶來的驚人成效嗎？

在這之後，我為了學習健康新知，去了義大利的薩丁尼亞島和西班牙的伊比薩島，參加為期五天、從早到晚的密集合宿課程，然後又去了泰國的清邁參加短期集中的十日行銷訓練營，親身體驗了「超學習法」的多重功效。

妙的是，目前日本國內仍盛行各式各樣的「慢學」課程講座，那些主打「半年十次」、「一年二十四次」的學習課程，效率奇差無比，卻有很多人報名參加，令人百思不得其解。

與之相比，主打「一個月八次」的短期集中課程，絕對更有助於大腦吸收。

如果你身為一位「指導者」，編寫教育學程時，別忘了加入「超學習法」的節奏，利用短期集中，一口氣讓學生感受到進步吧。

●短期集中學習的五大重點

以下為你介紹短期集中學習的幾項重點。

●重點一：「尋找仿效對象（當作榜樣）」

打聽在該領域的一流專家，如果可以，直接跟著那位老師討教吧。最理想的情況是一對一教學；不行的話，分組教學或線上課程也有幫助。

●重點二：「具體寫下想要的成果及原因」

將你想要得到的成果換算成數字，並且釐清非成功不可的原因。

●重點三：「短期集中學習」

報名汽車駕訓合宿、短期執照衝刺班等，集中學習。

在這段期間內，請將人生最優先事項列為「學習」。

●重點四：「定期復習」

除了短期集中學習，復習也很重要。

該在什麼時間復習呢？我這邊有科學數據作為參考。

德國心理學家赫爾曼・艾賓浩斯（Hermann Ebbinghaus），用他最知名的「遺忘曲線」理論，導出最佳的復習時機：學習後的二十四小時之內，花十分鐘復習，有助於百分之百恢復記憶。

下次請在一週內復習，僅僅五分鐘，就能完全恢復記憶。接下來只需在一個月內復習二～四分鐘，就能喚醒記憶。嚴守復習時間、保持記憶，學習效率就能提升至五倍以上。

記住以下流程：

「學完後立刻復習」↓「一天後再度復習（用一半的時間）」↓「七天後復習（再減少一半的時間）」↓「十四天後復習（再減少一半的時間）」↓「一個月後復習（少於一分鐘）！」。

● 重點五：「找朋友一起學」

學習社群的效果不容小覷。

研究指出，擁有學習夥伴、參與小組討論的效果，遠比獨自默默學習更容易幫助大腦吸收。

因此，請多找朋友一起念書，有效利用線上學習群組吧。

短期集中學習的五大重點

重點1 尋找仿效對象（當作榜樣）。

重點2 具體寫下想要的成果及原因。

重點3 短期集中學習。

重點4 定期復習。

重點5 找朋友一起學。

超學習法 6

善用「模仿學習」，成為理想的模樣

成功絕不是偶然，成功人士一定有他背後成功的因素。這可以從許多層面來探討，包括身體的使用方式、心態、技術、知識、著眼點等。

成功人士多半擁有持之以恆的特質，不到成功絕不放手，即使中途遇到困難或挫折，也不會輕言放棄，而會思考如何調整，繼續朝著目標邁進。

我們如果想和他們一樣，就要仿效他們獨特的成功經驗，並且一一實踐。

「仿效」成功人士的模式

「模仿學習」（modeling）是心理學的NLP（Neuro Linguistic Programing，神經語言規劃）技術，目的是有意識、有系統地仿效成功模式。

善用模仿學習，仿效你嚮往的成功模樣，包括身體的使用方式、心態、技術、知識、著眼點等，模仿成功人士的一舉一動，並落實到日常生活中，漸漸地，他的性格、舉止，就會變成你自己的。

沒錯，**模仿學習是一種全方位模仿成功者思維和行為模式，進而複製成功模式的最強學習武器。**

我舉實例來說明。模仿高超講者在台上自信說話的動作、表情、儀態、思維、情感、眼神，即便是不擅長演講的人，也能有模有樣地上台說話（我在授課之前，也會反覆觀看模仿對象的演講影片，記住那些小細節）。

這也是運動賽事常見的做法，和頂尖選手使用相同的訓練法、相同的器材，就能更接近他們的表現。

此外，**運用模仿學習時，除了模仿範本人物外在的動作表情，別忘了同步理解他們的內在理念和價值觀。**

當你開始能夠想像範本人物的行動模式，你的表現也會與之合而為一。

找出你最嚮往的學習對象，全方位地模仿他的動作、習慣、身上擁有的特質、價值觀、思考模式、策略等，你將會自然而然地接近理想目標。

善用「模仿學習」，成為理想的樣子

別只顧著模仿動作表情，
還要一併理解他們的理念和價值觀喔！

複製範本人物的成功模式

超學習法 7

三個步驟，把成果變具體

如果你正在規劃學習目標，要做的第一件事是：釐清你想藉此「得到什麼成果」。

具體寫下「未來想成為的模樣」，不但可以把目標變具體，還能增進學習動力。

除此之外，別忘了想清楚：「真的有必要去學嗎？」搞清楚你要的是什麼，再開始吧。**越明白自己想要的、為了什麼而學，學會的機率越高。**

另外，有許多人只是「空談夢想」、「架設目標」，沒有具體作為，這種人也很容易中途放棄。

日前，一位朋友和我聊到：「我的夢想是去希臘旅行。」

我問：「為什麼不去呢？」他答：「因為現在沒錢。」

我再問：「你知道去希臘旅行要花多少錢嗎？」他說：「我沒查，不知道。」

我曾因公去過希臘，知道希臘雖然離日本很遙遠，所需的費用卻不如想像中昂貴。

去希臘搭經濟艙，原則上十萬日圓有找（看季節），飯店住一晚也只需一、兩萬日圓，想去一點也不難（更別說，那位朋友的年收入超過一千萬日圓，絕對有充裕的時間和金錢去希臘玩一趟）。

只要稍微上網查過就能解決的問題，為何要讓它「止於夢想」？這難道不是人生的一大損失嗎？

所以我們才要釐清目標。寫得越清楚，實現之路也會越具體。

釐清之後，你會逐漸看到實現目標所需的具體計畫。

因此，把成果「變具體」是首要之務。

想要釐清目標、看見成果，請留意以下三個重點：

●設定期限、仔細寫出數字、帶上新型武器

一、設定時間日期。

簡單來說，就是決定要花多久的時間達成。

話雖如此，人無法現在立刻決定十年後要怎麼做。

因為，十年後實在太遙遠，顯得不切實際。

但是，只要循序漸進地寫下十年間的規劃，就會自動把未來與現在連起來。

範例如下：

↓「你希望十年後成為怎樣的人？」

↓「為了十年後的你，五年後的你必須成為怎樣的人？」

↓「為了五年後的你，一年後的你必須開始準備什麼？」

↓「為了一年後的你，半年後的你必須開始準備什麼？」

↓「為了半年後的你，一個月後的你必須開始準備什麼？」

↓「為了一個月後的你，你現在必須立刻開始△△△！」

像這樣，用倒推的方式，一步步把未來理想的你和現在的你連起來，如此一來，就能清楚地知道現在應該採取的對策。

二、盡可能詳細、具體地寫下數字。

舉例來說，如果你的夢想是「當作家」，你的目標可不能只有「出書」而已，別忘了具體寫出「多少萬本的販賣數量」。

況且，光是從出書這件事，就能看出每個人價值觀的不同。

有人的目標是賣一萬本，有人的目標是賣十萬本，要怎麼設定都可以，但別忽略了基礎認知：一萬本和十萬本對出版社來說，意義上完全不同。

知道了箇中差異，你的目標才會變得更加具體。

夢想若是太過模糊、抽象，最後很容易忘記，導致石沉大海。不過，只要詳細而具體地寫下數字目標，自然會明白自己應該學什麼、採取什麼行動。

三、帶上通往成功的新型武器。

舉例來說，如果你想學程式設計，卻還在用二十年前的舊電腦，想要學會恐怕不容易。

當我們決定學習一項技術時，備齊相關工具非常重要。

小朋友學游泳時，要用哥哥姊姊留下來的老舊泳具？或是買全新的送給他們？兩者激發的學習動力簡直如天壤之別。

成年人也一樣，買個激發學習動力的最佳武器給自己，把它當作心靈的護身符吧。倘若預算足夠，請買最新型的高機能配備，或者，和你心目中的偶像使用相同品牌型號的物品，這麼做絕對能大大提升學習動力。

＼就這三個！／

三個步驟，把成果變具體

步驟1 設定期限，倒推回去

「你希望十年後成為怎樣的人呢？」
↓
「五年後呢？一年後呢？一個月後呢？現在應該怎麼做呢？」

步驟2 詳細具體地寫下數字

「寫出暢銷書。」✕
↓
「賣到十萬本！」○

步驟3 帶上通往成功的新型武器

用二十年前的舊電腦怎麼可能學會程式設計！請更新武器，提升學習動力！

越明白自己想要的、為了什麼而學，學會的機率越高！

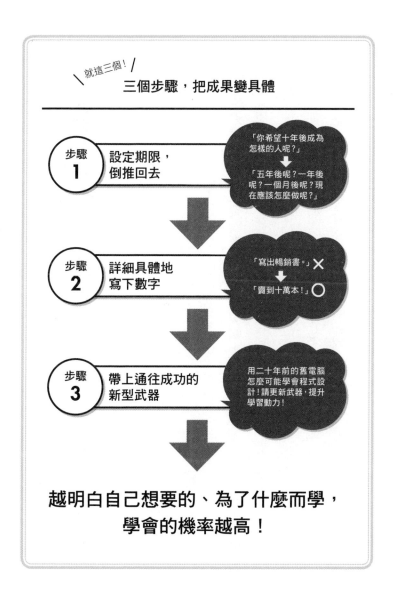

超學習法 8

一人獨學，不如多人共學

在現今的教育前線，日本和美國之間有著決定性的不同。

以論文考試為例（也要看老師），在美國，攜帶筆記進考場是常識，畢竟論文考的是「思考方向」，撰寫時有沒有參考資料，不是主要的評分標準。

反觀日本考場，無論任何考試都強調「死背」、「不能作弊」，連翻看資料，基本上都是不被允許的，多數學校也禁止考試時攜帶筆記。

由此可見，同樣的論文考試，日本和國外的著眼方向有著根本性的不同。

小組共學的優勢

此外，日本的學制無論國文、數學、理化或社會科目，基本上都是由一位老師同時教一整個班級的學生上課，連自習時間都要學生自己看書。

而在美國，依據學校的不同，每天會有一小時左右的分組課，學生會一起舉辦讀書會，或是分成小組自主念書。

組員不會全讀相同的科目，他們會提出自己不懂的問題，由其他人來教。這種教學方式讓學生如好友一般輕鬆閒聊，勇於問出平時難以向老師啟齒的問題，再由眾人一同集思廣益、當彼此的老師，同時達到互相競爭、學習成長。

小組共學最大的好處是一邊玩樂一邊學習。

不是只有孩子適合小組共學。

成年人想要考取證照或是減肥時，與相同目標的夥伴一同奮戰，絕對比一個人默默努力來得積極有趣。

有了組員相互扶持，當我們遇到瓶頸、心生放棄的念頭時，也能因為「我不是一個人」而重整旗鼓。擁有良好的學習夥伴，可以支持你持續達成心中理想的目標。

如何挑選學習夥伴

請注意，你的學習夥伴必須是「能幫助彼此成長進步的人」。

倘若你的學習夥伴是個動不動就把「反正每次都以失敗告終，這次一定也一樣」掛在嘴邊的人，你一定會受到影響，變得負面、沒自信。因此，請先遠離那些總愛滿口抱怨、不肯努力，一天到晚散發負能量的人吧。

人與人之間會互相影響，務必謹慎挑選學習夥伴。

最適合的學習夥伴是「領先你一點點的人」。如果彼此程度相差太遠，會產生「反正我就是追不上」的消極心理，導致中途放棄。

一旦遇到理念相符、努力上進且能為你帶來正面影響的「微前輩」，不要猶豫，主動找他加入吧。

進修小組不只促進了學習動力，還能活絡商業競爭。

比方說，當你被任命一個全新的專案計畫時，組隊絕對比獨自攬下所有重擔更有效率，不會一下就燃燒殆盡。

我自己也會每個月召開一次經營者共通的成果分享會。

這種由五～十五人共同組成的最佳實踐（best practice，此指成功案例）分享會，又稱作「幕後首腦會」（mastermind）。

聽起來像在討論什麼商業機密，分享彼此成功的祕訣對吧？別小看它，首腦會議的成效驚人，除此之外還締結了信賴關係和同伴意識。

小組會議的最後，別忘了出題目給彼此，例如：「我們先各自回去努力嘗試△△△方案，下次見面，再來做經驗分享吧！」

用這種方式製造「必須交作業的情境」，好讓自己維持良好的表現。保持適度的壓力，有助於刺激成長。

● 善用模仿細胞「鏡像神經元」

「鏡像神經元」（mirror neuron）又稱「模仿細胞」，這是義大利裔神經學家馬可．雅各博尼（Marco Iacoboni）博士等人，在一九九六年發表的論點。

鏡像神經元是一種存在於靈長類等高等動物的大腦內，介於「自己行動」與「觀看其他個體行動」的兩端，負責產生動作電位（action potential）的神經細胞。

人類的「成長」與鏡像神經元有直接的關聯。當我們在腦內演練動作時，鏡像神經元會幫助我們模仿別人的動作。

嬰兒藉由鏡像神經元的作用進行學習模仿，培養知性。不限嬰兒，成年人同樣能藉由模仿煮飯、運動等日常小事，乃至學習偉人的人生觀等大事，藉此全面性地擴充成長。

然而，鏡像神經元也會帶來問題。

根據統計，常接觸暴力情境的族群，比起不會接觸暴力情境的族群更容易犯罪。在藥物成癮方面，戒毒者若是看到別人吸毒的畫面，也會導致毒癮復發。

回到正題，我們如何在「超學習法」中善用模仿細胞，有效幫助自我成長呢？

有一點很重要：請多花時間，與自己嚮往的人物相處。

事實就擺在眼前：人會越來越像你長時間相處的夥伴。

換句話說，我們不妨多加善用大腦的模仿性質，複製嚮往人物的行為模式吧。多跟理想中的人物相處，能快速吸收他們的思維和學成技巧，自然而然地仿照他們的行為，提升所需的知識技能。

超學習法 9

要改變的是環境，而不是習慣

每個人都有屬於自己的獨特習慣，這種習慣是經年累月的生活環境所構成。幾點起床、幾點睡覺、三餐吃什麼、處理事情的先後順序等……這些習慣每天會依照情形略有不同，但基本上沒有太大的出入。

而且，這些習慣通常很難更改。

如果已經養成習慣，身體就會自己動起來。

比方說，平時很難早起的人，某天突然下定決心：「好！從明天開始，我要每天清晨五點去晨跑！」但除非他有鋼鐵般的意志力，否則很難維持下去，頂多跑個數天、最多數個月就會打回原型（在這邊偷偷說，我自己也失敗過好幾次）。

為什麼呢？因為人體有所謂的「恆定性維持機能」，意思是說，身體會把「恢復原來的狀態」認定為「必要之事」。

減重遇到的停滯期，就是因為人體的恆定性維持機能發揮了作用。所以，我們也可以說，這是減重順利才會遇到的現象。

想要打破這項機能，需要頑強的意志力。然而，想要長久維持意志力，基本上是相當困難的。

既然如此，我們不如反過來利用這項機能吧。

記住，環境的力量大於人類的意志力。

所以，我們首先要強迫自己：打造一個理想的環境。

舉例來說，我每天早上起來都會先做瑜伽。

為了練瑜伽，我索性把瑜伽墊鋪在客廳醒目的位置。

如果每次練瑜伽都要重新鋪墊子，久了心裡一定會嫌麻煩。

也就是說，我能持續練瑜伽，都是因為創造了不由自主想做瑜伽的環境，用這種方式告訴自己：「墊子都鋪好了，沒事就來做做瑜伽吧！」

我們可以藉由打造「一定得做」的實踐環境，強制啟動人體的恆定性維持機能，把生活導向理想的方向。

●刻意打造「實踐環境」

以下分享朋友實際遇到的例子。

這位朋友很想健身，但每次報名健身房都半途而廢，又覺得自己在家健身很麻煩。

最後，他乾脆請了到府服務的健身教練，結果竟然不費吹灰之力就養成了健身的習慣。

都麻煩教練跑這一趟了，總不好臨時取消說：「我今天沒那個心情，您請回吧。」加上心裡多少會想：「錢都付了，不練就虧大了。」不小心就維持下去。

這就是刻意打造實踐環境，自然邁向成功的例子。

另一位愛看漫畫的朋友則告訴我：「接下來這一年，我想專心讀英語。」他痛下決心，要把漫畫通通丟掉。

這麼做雖然有些極端，但我相信這股堅強的意志和良好的環境，能帶領他成功達陣。除此之外，把所有的漫畫換成英語漫畫，應該也是不錯的做法。

為了進一步了解實踐環境，我們不妨去成功者出沒的地點走走，實際感受那股氛圍吧。

假如你的志願是「以後住在英國」，可以多利用Google Earth搜尋英國街道，或是積極參與英國當地居民的線上社群。假如你夢想是「創業成功」，請實際去會會那些成功的創業者，加入他們的線上沙龍。如此一來，身體就會牢牢記下自己實現夢想的理想模樣，一口氣帶你接近目標和夢想。

在此介紹一間東大合格率極高的名校——櫻蔭女子高中。你知道他們成功的祕訣嗎？其中之一當然是超高的學力，之二則和考試成績無關。事實上，這所學校位在東大旁邊，學生每天看著東大上課，進出考場如入自家後院，當然能夠老神在在地發揮百分之百的實力應考。

因為電影《墊底辣妹》（註1）成名的小林彩加，也實際在電影中千里迢迢地從名古屋前往東京參觀志願校慶應大學，提前感受校園環境。這是很棒的策略。

此外，暢銷財經作家勝間和代曾說過：

「許多人在得不到想要的結果時，會認為是自己能力不夠，或是意志不堅所導致，於是他們會更努力地激勵自我。然而，多數原因其實出在環境，而不是在於你自己。只要打造良好的環境就會有結果。自我磨練請抓一、兩成就好，剩下的八、九成請放在打造環境吧。」

換句話說，想要打造理想的自己，要優先打造良好的實踐環境。

請多多感受成功者身處的環境，藉此耳濡目染。

只要能做到這兩點，一定能接近自己理想中的模樣。

想要學什麼、想成為怎樣的人，一切由你決定！**寫下明確的目的地與所在地，就能找到相連的路徑，即便這個當下路還看不清楚，你也能參考別人的作法，提前擬定策略。**這意味著，無論你想選擇什麼、有何目標，身處的環境都將左右大局。

註1：改編自真人真事原著《後段班辣妹應屆考上慶應大學的故事》，作者為補教界名師坪田信貴。

超學習法 10

運用「五秒法則」，迅速找回學習幹勁

前紐約州律師梅爾．羅賓斯（Mel Robbins），曾在婚姻家庭面臨觸礁的低潮期，從電視廣告的火箭發射鏡頭，想出了風靡全球的**「五秒法則」**。自從開始實行五秒法則，她的人生從此脫胎換骨。

所謂的五秒法則，就是當你想做一件事時，同時在心中倒數：

「五、四、三、二、一……」

方法就這麼簡單，數到零，馬上開始。

聽起來很像騙小孩的把戲？實際運用起來卻意外有效（我時常在早上賴床或是不想面對工作、不想讀書時用上這一招）。

訣竅就是：「無論想不想，身體先動起來再說！」

五秒法則非常好用，實踐之後可以帶來許多好處，例如：「早起不賴床」、「貫徹你的學習計畫」、「身體先動起來再說」等。

此外，它也能有效防堵「想太多而錯失良機，最後一事無成」的悲劇發生。

● 大腦的「自動駕駛」和「緊急煞車」

大腦有所謂的「自動駕駛」和「緊急煞車」，善用五秒法則，能即時阻斷這兩種機能。

人類使用自動駕駛的方式，把每天要執行的程序輸入腦海。因此，人總是下意識地重複相同的行為。

大腦拒絕執行不同於平時的命令程序——這就是「大腦的緊急煞車」。使用「五秒法則」能打破這個規律。

為了讓身體了解五秒法則，我們可以先從比較簡單的部分認識它。

早上張開眼睛時「在五秒以內起床」，想閱讀時「在五秒以內翻開書」、非得念書時「五秒以內坐到書桌前」……不管做任何事，第一步都用五秒法則搞定它。

只要踏出第一步，身體和大腦就會自動學習，變得能夠維持下去。

人在剛接觸新事物和新課業時，難免覺得不好進入，這都是正常的。一旦展開第一步，打造適合學習的實踐環境，大腦和身體就會自動把學習當作習慣。

用「五秒法則」保持學習

有功課或工作得做，但提不起勁……

↓

大腦拒絕執行不同於平時的命令程序
＝**大腦的緊急煞車**

↓

用「五秒法則」打破它！
→「五秒以內起床」
→「五秒以內坐到書桌前」etc……

↓

只要踏出第一步，
身體和大腦就會自動學習，
變得能夠維持下去！

最能喚起我們對一個人的記憶的，
正是我們早已遺忘的事。

——馬塞爾·普魯斯特《追憶似水年華》

第一章

如何有效率地「增強記憶力」，讓身體記住

無論是誰，
一定都有一、兩個難以忘懷的回憶。
與快樂的事物相比，
忘不掉的往往是痛苦或羞愧的事。
學東西也一樣。
別只顧著動腦，運用五感和身體，竭盡全力去感受它，
如此一來，你的記憶力將會突飛猛進。

超學習法 11

連接「未知」（學習圈）和「已知」（舒適圈）

許多人以為記憶就是「死背下來」。

背誦的確也很重要，但是，「記憶」從來不是指通通背下來，而是**「自然而然把東西輸入腦海」**。

完成記憶並且運用自如，表示此人已成功把舒適圈（已知）和學習圈（未知）連起來。

以我自己為例，為了保持健康，每天早上我都會現榨一杯冷壓果汁，但我不需要每次都對照食譜、逐一測量蔬果的份量，因為我已經重複做過很多次，早就對食材和份量滾瓜爛熟。

這才叫做「記憶」對吧。

如何有效記住未知的事物

說起來，學習本身就是一種「了解未知事物」的行為。

認識陌生的事物固然有趣，缺點是容易知難而退。幸好，現在有祕訣可以改善這個缺點。

那就是：從你擅長、熟悉的事物當中，尋找未知事物的關聯性。

簡單來說，就是接通「已知」和「未知」。

例如：網球健將想學英語，可以去買外國的網球雜誌來讀、加入以外國人為主的網球俱樂部，透過網球這個共同點來學習英語。

你會發現，原來自己還知道不少專有名詞！從已知的事物下手，遠比在未知的領域徬徨前進更加有用。

同樣地，減肥者突然決定一週上健身房五天？這簡直要了他的命。但是，倘若這個人的工作性質常常需要走路，不妨使用智慧型手機內建的計步器ＡＰＰ來提醒自己「一天至少要走一萬步」，這樣才容易持之以恆，大大提升減肥成功率。因為，這只是擴充日常熟悉的事物罷了。

人在接觸全新的事物時，容易因為不熟悉而陷入沮喪、失去信心。不過，**只要把新的事物和熟悉的事物綁在一起，就能瞬間降低門檻。**

請把學習放在熟悉事物的延長線上，藉由擴充已知事物，進而達到拓展未知事物，就是成功的祕訣。

● 連接未知和已知的五大策略

以學習「剪片」技術為例，請參考左頁的步驟，把未知和已知串連起來。

連接未知和已知的五大策略（以剪片為例）

策略1

首先，從自己想學的領域當中，明確地找出未知的知識技術。（例：剪輯影片。）

策略2

接著，從未知的知識技術當中，發掘自己熟悉的「已知」。
（例：學剪片必須知道如何「剪輯」、「上字幕特效」。只要你曾經在電視節目看過字幕特效，馬上就能聯想應該加入哪些文字效果。）

策略3

善用已知資訊，學習未知的知識技術。
（例：如何使用字幕軟體、影片剪輯軟體等。）

策略4

即使還只摸透那項技術的60%，也請先實際用用看。（技能輸出）

策略5

知道哪裡沒做好後，換個方法改善缺點。（連接未知和已知的過程。）

超學習法 12

善用五感，內化記憶

提到「背英文單字」，你腦中會浮現哪些方法呢？

把不熟的單字抄在活頁單字卡上，在背面寫下語意，反覆翻閱；一邊背單字，一邊用紅筆劃線；用紅色遮色片蓋住紅字印刷的單字，考驗記憶力等……想必大家都會聯想到這些古老的方法。

實不相瞞，我剛立志學英語時，上述方法通通用過。我以為手寫單字卡也是一種有效的學習輸出方式。

但是，大腦並沒有因此記住。

那麼，我到底該怎麼做，才能永久記住單字呢？左思右想，我最後想到的方法是**「把觸目所及的東西通通貼上便利貼，上面寫上英文單字」**。

杯子是「Cup」，眼鏡是「glasses」，雨傘是「umbrella」……以此類推，屋內的所有物品，全被我啪搭啪搭地貼上了便利貼。

在日常生活中不經意地看見英文單字，對於深度記憶具有超乎想像的效果。我們要的不是「好，來熟背它」這種緊繃狀態。輕輕鬆鬆的，知識反而容易咻地輸入大腦。

除了視覺上的「看見」，我們也能經由直接觸摸便利貼上的物品，引發觸覺上的刺激，用身體幫助記憶力。

這個新發現讓我明白，**「五感的作用越豐富，越能有效幫助大腦和身體記憶吸收」**。

進一步舉例：如果想要聽覺上的刺激，不妨多聽外國音樂（說來汗顏，在此之前，西洋樂團我只聽過「披頭四」……），別只顧著聽母語歌；此外，務必聽英語版的有聲書。如果想要味覺上的刺激，不妨一邊煮飯，一邊查詢食材的英文單字。

我們當然不可能一開始即做到百分百理解，但是，只要理解百分之六十左右，就能藉由反覆學習內化記憶力。

談到「讀書」，我們很容易不小心全仰賴「視覺」來閱讀。但是，我從自己的經驗當中，親身證實了複數感覺的組合搭配，更能強化學習功效，讓大腦和身體輕鬆記憶。

●用身體、用感情來輔助記憶

我曾在英文片語上遭遇瓶頸，用盡各種方式都記不住，最後靠著身體輔助才成功。

例如，我們在出電梯禮讓旁人時會說「您先請」（After you），**背誦這個片語時，除了「唸出來」，請同時模擬手往前擺的「禮讓動作」，藉此連接身體與大腦，幫助記憶快速吸收。**

此外，運用感情來輔助記憶也相當有效。

以下舉的例子可能不太好，但是，你一定還記得二〇一一年三月十一日這一天，你人在哪裡、做些什麼，對吧？（這天發生了東日本三一一大地震）我繼續問：請問隔年的二〇一二年三月十一日，你正在做什麼呢？後面的問題恐怕沒人回答得出來。

因此，我們要做的不是拚命動腦記住單字和片語，站起來，動動身體，唸出聲音來，如此一來，你將能明確想像使用單字片語的真實情境，並且用嘴巴說出來。這麼做遠比瞪著書頁發呆有用多了，能有效促進大腦深層記憶。

此方法已有科學實驗證實。日本東北大學高齡醫學研究所教授兼腦部機能開發專家——川島隆太先生表示，朗讀能有效促進大腦運作，**和純粹閱讀相比，朗讀後的記憶容量會直接提升百分之二十~三十！**

●刺激嗅覺提升學習效果

科學還證實了，嗅覺會直接影響感情運作。

「這味道會讓我想起舊情人」、「每次聞到這股味道，就會想起那個地方」……相信每個人多少有過類似體驗。

這叫「普魯斯特效應」，是指藉由氣味喚醒某個記憶片段的現象（註2）。

同樣地，假如我們對某人的第一印象是「他好臭」，隨之而來的負面感受，恐怕經過好幾年都無法洗清。

從腦科學的觀點來分析，氣味會直接通往大腦邊緣系統的海馬體，具備其他感官沒有的感覺和特質，據說傳導速度之快，只需〇．一秒！**由此可知，嗅覺比起其他感官，能更快、更劇烈地刺激大腦。**

學習新事物時，需要的正是資訊迅速直接地傳達至大腦，定型為記憶。既然如此，我們不妨活用嗅覺帶來的記憶效果。

我進一步針對各種香味做了測試調查。

迷迭香、茶樹和羅勒的香味，能有效刺激大腦海馬體，增強記憶力。

知道了以後，我在講座、線上課程和研討會等需要高度專注力的學習場域，都會使用一點芳香精油，讓身上帶著迷迭香和茶樹精油的味道。

此外，睡前想要放鬆之時，我會點薰衣草精油來幫助入睡；欲振乏力時，就點含有「樟木」成分、能夠提高注意力的迷迭香精油，讓大腦瞬間清醒。

像這樣，配合生活中的不同需求，點精油燈來達到衝刺及放鬆，就能有效利用時間進行學習。這畢竟不是一本在講芳香療法的書，我就點到為止。市面上已有許多書籍和論文證實了芳香精油的功效，有興趣的人可以自己找相關書籍來瞧一瞧。

註2：馬塞爾·普魯斯特（Marcel Proust，一八七一～一九二二）為法國意識流作家，代表作為《追憶似水年華》，此效應出自本書主人翁觸發追憶的種種例子。

超學習法 13

全身都要動，別只顧著動腦

在日本的國高中，學生普遍會在三年級前退出社團，專心準備升學考。我認為這反而會造成反效果。

因為，活動身體有助於活化大腦。

舉例來說：

「我今天必須念書，但我好想睡覺。」

「我得準備開會要用的資料，但注意力就是無法集中。」

遇到上述情形時，你會怎麼做呢？

許多人會用喝咖啡、灌濃茶、嚼口香糖等方式提神，但別忘了，稍微起來動一動也能有效醒腦。

適度運動能提高學習效果

事實上，美國喬治亞理工學院已做出研究發表，證實**「二十分鐘的肌力訓練，可以增強百分之十的記憶力」**。

除此之外，根據英國醫學期刊的調查報告，**「孩子在讀書前做瑜伽，能促進學習效率」**。瑜伽課所改變的，不是只有孩子在運動能力值（平衡感、強度、柔軟度）的全面提升，還促進了社會化行為，幫助孩子實際運用從課業外和課業內學到的知識。

這些研究報告顯示一個重要結果：即使沒有每天固定運動數小時，只要稍微起身活動筋骨，就能活化學習效率。

我自己有每天早晨花十五～二十分鐘時間，一邊享受日光浴，一邊散步的習慣。此外，早上也會花十五～二十分鐘的時間做瑜伽，並且花十五分鐘左右進行冥想，然後喝杯喜歡的咖啡或抹茶才開始上工。用這個方法，我清楚感受到工作的生產力提升到兩倍之多！反過來看，如果當天早晨匆匆忙忙上工，心情總是覺得受到時間追趕，反而降低生產力。

● 記憶搭配運動，並且補充水分

除此之外，運動時的水分補給，在學習上也扮演了重要角色。

東倫敦大學和西敏大學的研究報告指出，進行名為CANTAB（The Cambridge Neuropsychological Test Automated Battery）的**認知機能測驗之前，攝取〇・五公升水分的人與完全沒喝的人相比，答題的速度足足增加了百分之十四。**

該小組的研究組長卡羅琳・埃德蒙茲表示，哪怕只是微量的水分不足，也會

動員五感和身體，提升專注力！

①用五感記憶

五感的作用越豐富，
大腦和身體的記憶力越強！

（例）

動動身體：一邊說「After you」（您先請），一邊做出禮讓手勢！

動動感情：想像臨場情境，開口說英文。剛說完的記憶容量會增加20～30%！

②全身動起來

動動身體，
活化大腦！

（例）

→20分鐘的肌力訓練可增進10%的記憶力。

→工作前先散散步、做瑜伽，有效提升生產力！

③適度補充水分

（例）

→測驗前攝取0.5公升水分的人，與沒喝的人相比，答題速度足足增加了14%。

對認知性的工作表現產生影響。

另外，瑞典精神醫學專家安德斯．韓森也提到，根據美國進行的實驗，請受試者**「一週進行三次快走，每次四十分鐘」，持續一年之後，掌管記憶力的大腦海馬體部位，體積平均增加了百分之二。**

其他還有：**舉行單字測驗時，一邊運動一邊背誦的人，比起只是單純背誦的人，增加了百分之二十的單字背誦量！**

總結上述組合效果，我們得知，運動和適度補充水分，有助於提高專注力和記憶力。

超學習法 14

「輸入」和「輸出」的黃金比例是3：7

腦科學研究已經清楚指出，輸入和輸出的最佳比例即**「三分輸入：七分輸出」**，這是有效提升記憶力的最佳比例。

對此，美國哥倫比亞大學心理學家亞瑟・蓋茲博士做了一個有趣的實驗。他找來小學三年級至國中二年級的百名學童，請他們背誦《名人錄》中的人物檔案。

每位孩童各自擁有九分鐘的記憶時間，其中「記憶時間」（輸入時間）與

「練習時間」（輸出時間）的比例按照指示做出區別。

結果顯示，輸入時間落在百分之三十左右的組別，平均得分最高。

這個實驗結果也說明了七成的輸出時間，是效果最佳的學習法則。

相信許多人在購買「感覺很有用」的書籍之後，常常只是讀完它便心滿意足，開心地收進書櫃裡。

美國大型出版社有資料顯示：**「人們購買的書籍裡，有高達百分之九十五並未整本讀完」。**

還有更令人訝異的數據資料：**「人們購買的書籍裡，有百分之七十從未翻閱」！**

好不容易下定決心要充實自己，中途放棄或是從未開始，實在太可惜了。

同樣地，無論是純休閒的才藝班還是商業進修課，我們很容易只學皮毛，買了課程和書籍就心滿意足，未能實際運用到生活當中。

這不是真正的學習，而是白白糟蹋了自主學習的良好動機。

老實說，我過去也曾陷入「學表面」的窘境。

剛開始決定自我投資的頭五年，我就是一個滿足於「買書、買課程」的血淋淋例子。連求學時父母先借我的資助金也算在內，我砸了超過百萬圓鑽研學習技巧，成了一個貨真價實的「學習法收藏家」——真的只是「收著」，完全沒有拿出來用。

正因如此，我不停思索如何實踐所學。歷經了種種嘗試之後，我得出一個結論：

那就是「三分輸入：七分輸出」。

這是實質意義上的學以致用。換句話說，想要使上過的課、讀過的書實際派上用場，你需要製作一份**「行動清單」**。

接下來為你詳細說明行動清單——「to-do list」，也就是你的代辦事項。

●製作你的「行動清單」

好，行動清單該怎麼寫呢？

你的行動大致有三：

一、寫下具體上要做的事（想到什麼寫什麼，盡量多寫）。

二、這個行動要持續多久（如果可以，盡量在一週以內結束）。

三、立刻創造必須完成的外部環境，寫下業主的名字、要買的東西等（因為人的動力往往難以維持超過二十四小時）。

左頁介紹我自己的行動清單供參考。

像這樣，製作能立即輸出所學的任務清單，擬定強制實行的計畫。

習慣這套流程之後，下次當你想學東西時，就會自然產生「學完△△之後要做╳╳」、「這項技術可以應用在△△上面」的意識。

井口晃的兩個行動清單

例1

關於「行銷策略」講座

動作清單

本週之內預錄10支YouTube影片。
（下星期三、攝影師Y）

本月之內做好講座宣傳單，廣發出去。
（1000份、文宣寫手K）

撰寫新書企劃。
（明年7月交、書籍編輯K）

例2

關於「尖端健康法」講座

動作清單

加入健身房會員、聘請貼身教練。
（下星期六、教練T）

買五種健康食品。
（下星期三、「Iherb」網站）

使用測量睡眠時數APP，每天測量、改善睡眠品質。（下星期一、Amazon購物）

不僅如此，連你在學習的當下，都能意識到之後應該如何進行輸出，一併提升了專注力和記憶力，你的學習也會更加專精到位。

人一旦缺少了具體目標，很容易就會偷懶。

不過，只要建立「學完後要立刻應用」的心態，就不會拖拖拉拉、漫無目標。因此，無論你有什麼學習計畫，開始前一定要仔細考量，並且問自己：「我為什麼要學這個東西？」藉此確立目標。

即便只是一般的閱讀，倘若讀完必須介紹給別人，你在讀的時候，態度也會完全不同。

一個人的學習是否成功，取決於他是否抱持學完之後要輸出的緊張感。同樣是學習，有人學以致用，有人學了就忘，差就差在這裡。

超學習法 15

失敗經驗是重要的學習教材

我有一位億萬身價的美國企業家朋友，每天晚上都會在餐桌前詢問自己的孩子：「今天有沒有哪裡做不好呀？」

他會把問題夾雜在閒談之間，如果孩子回答：**「今天數學課舉手，結果答錯了。」、「我沒在足球賽得到分數。」諸如此類，朋友聽了之後，一定會稱讚孩子：「你得到了寶貴的經驗！」**

相反地，如果孩子回答：「今天沒有。」他會主動鼓勵孩子：「也許明天不會那麼順利，那也沒關係，要不要先找一件事情來挑戰看看？」

我在聽完這段對話之後，深刻感受到日本和美國在親子關係上的不同。現代日本社會依然非常盛行由父母主導孩子的生活，為的是避免孩子失敗走歪。孩子本身的意願被擺在後頭，怪獸家長以「我是為你好」為由，逼迫孩子「去上補習班課業才不會落後」，還有人會擅自去學校找老師商談「我怕孩子被欺負，請幫我調班」，在幕後主導許多事情。

我無法一口咬定美國完全沒有怪獸家長。但至少這位朋友的教育態度是「鼓勵孩子挑戰可能失敗的事情」，這和日本現代社會的教育方針完全不同。

失敗為成功之母

史丹佛大學的心理學教授卡蘿．杜維克就曾說過：**「失不失敗，是心態上的問題。」**

卡蘿教授經過多年、大量的考察，想解開處於「要永遠一蹶不振嗎？還是跨越它？」極限狀態的人，最後選擇放棄的原因。結論竟然如此單純：

「全憑一己之念。人類的能力能透過意志力和努力去改變，我們不該止於一次的失敗，重點是，我們應該從失敗當中學會什麼？下次如何改進才會成功？」

就是這麼一回事。

來點題外話。我剛開始學英語時，曾在大阪車站前被一名美國人問路，我知道他在問：「請問△△在哪裡？」然而，當我想要告訴他該怎麼走時，腦袋卻一片空白，連最簡單的英語單字都說不出來。

最後，我只能一邊用日語說「那邊、那邊」，一邊拚命用手指。

有了這次失敗經驗，我更下定決心：「下次被問路時，我一定要好好回答他。」

是的，失敗可以激發學習意志，你的失敗絕不會白費。失敗的經驗告訴我，以後要好好學英語。

想必你也有過「不小心撞壞車子」、「失去了重要的東西」等懊惱的經驗，並從中下定決心「以後不再犯」吧。

沒有失敗就沒有成長

悔恨的心情可以促使人從失敗中學習，進而成長！

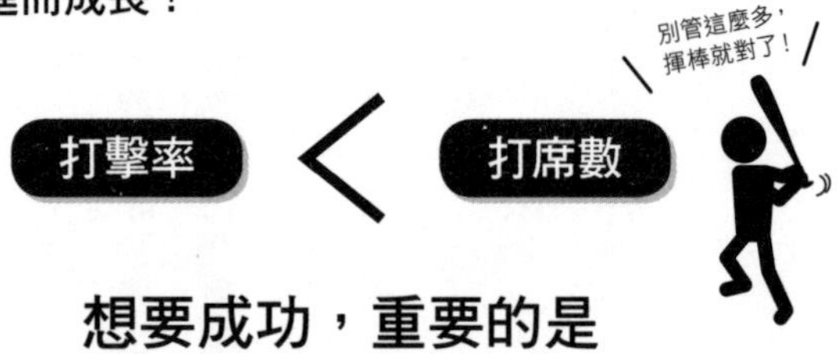

想要成功，重要的是「站上打席揮棒的次數」！

這說明了，人要經過失敗，才會學習成長。

如果你有小孩，或者你是一名教育者，千萬別忘了教導失敗的重要性。

只要師長常常願意鼓勵孩子：「失敗是最好的教材，請多多挑戰、多多失敗吧！」相信我們的孩子一定能更加靈活地主動出擊。

人在行動之後，必然會得到某些結果。

我們以此建立信念，依照信念決定了自己的可能，並根據可能採取行動。

即使行動帶來的結果由別人來看是失敗的，但重點應該在於：你自己學會了什麼？是否下定決心不再重蹈覆轍？並在下次行動前改善缺點。

我們可以從失敗當中得到自信，在下次放手一搏。無論失敗多少次，我們要做的永遠是從中吸取教訓，讓下次行動變得更好。

失敗為成功之母，打擊率亦同，重點在於：「你站上打席，揮棒了多少次？」由此可見，失敗的次數（行動量）比起成功的次數更顯重要。

超學習法 16

一百次的台下練習，都比不上一次正式上場

「一百次的棚內錄音，都比不上一次現場演唱。」

這是某位知名音樂人說過的至理名言。

這句話說明了「一次的現場演唱（正式上場），比起一百次的棚內練習，效果好上太多太多」，這也在在表示了**創造實踐環境**、**提升學習品質**的重要性。

舉個例子，假設你現在正在學吉他。

「按照書上教的彈」跟「一個月後要在演唱會上彈這首曲子」相比，後者的目的要來得更具體，學習意識也截然不同。

在運動領域，參加奧運等大型比賽也是測驗自己實力的重要場合，選手因此充滿鬥志。

孩子們的才藝發表會也是如此。學鋼琴若是沒設目標，很容易一下子就膩了。有展現成果的舞台，孩子才能保持學習欲望。

這也說明了，有了輸出的舞台，人才能孜孜不倦地維持學習專注力。

在這個資訊爆炸的時代，無論你想學什麼，都有人願意教你。

我自己剛創業的時候，因為有太多事情需要學習，所以去聽了很多課程講座。

看過無數的教學活動後，我發覺：一位受歡迎的講師，常常也是成功企業的領導人，本來就站在「指導者」立場。

如果那個人是企業家，可能會「一週辦一次員工進修」、「親自指導團體作業」；如果是個人單位，也會定期舉辦演講、講座等，在人才培育上傾注心力。

換句話說，越常傳授己身知識的人，他的成績、人脈到社會地位都會一併成長。

事實上，加拿大心理學家唐納德・赫布（Donald Olding Hebb）已經從神經科學的角度證實了**「輸出有助於記憶力形成」**。

根據一九七三年的論文，神經學家蒂莫西・布利斯（Timothy Vivian Pelham Bliss）與泰耶・勒莫（Terje Lømo）對兔子海馬體的穿通纖維進行了一系列的電刺激實驗，並記錄了海馬體細胞的活動反應。

他們發現，纖維在經過反覆、連續的刺激之後，海馬體細胞的反應（與刺激一次相比）會增強。簡單來說，這個實驗結果證明了唐納德・赫布提出的**「B經過A的反覆活化（反覆輸出）之後，A、B之間的連結會增強（記憶增強）」**說法。

意思是說，向別人傳授知識的行為，乍看是對方受益，事實上受益最多的人是自己。

那麼，實際上究竟該如何操作輸出呢？

●輸出的方法

一、為了方便自己回想，請將所學的知識寫成筆記。

先自由地在筆記本或便條紙上揮灑學到的重點，你可以做memo，或是用條例式，甚至潦草寫個幾筆都沒關係。

以閱讀筆記為例，請從書籍內容、學到的事與自己的感覺三方面著手，把自己覺得重要的地方交替寫成筆記。

二、在部落格和網路社群把自己學到的事寫下來，告訴別人。

現在，每個人或多或少都有一、兩個自己專屬的社群帳號，如果平時不知道該寫什麼，請把輸出當作練習，有主題目的地在部落格或臉書上寫下自己學到的東西。

為了向別人說明，裡面必須包含你學到的條列式重點，以及自身的感觸。

三、用說的方式，把自己學到的事告訴別人。

把學到的東西實際說出口，向別人說明，可以一口氣提升自己的理解度。因為，我們必須先在腦中整理，才能條理分明地告訴別人。平時請多培養和家人朋友分享當日或近日所學心得的習慣，積極地進行輸出吧。

四、實踐所學。

接著，請實際運用學到的東西。

實際做做看，才知道會遇到哪些問題，也有可能一試才發現自己早就會了。

有數據指出，當日實踐所學，有助於加深記憶力。請養成學到任何東西立刻實際運用的習慣，妥善安排實踐計畫表。

輸出的方法

①為了方便自己回想，請將所學的知識寫成筆記。
memo、條列式、潦草寫個幾筆都OK。

②在部落格和網路社群把自己學到的事寫下來，告訴別人。
要讓別人也看得懂，就要寫得很好懂。

③用說的方式，把自己學到的事告訴別人。
口頭說明需要先在腦中整理，才能說得有條不紊，自己的理解度也會瞬間倍增！

④實踐所學。
馬上運用學到的東西，或是訂立實踐計畫表。

超學習法17

復習的比例是1：5

人是會遺忘的生物。

好不容易學會的東西，會隨著時間流逝而逐漸遺忘。

尤其是成年以後，無論學什麼，都很難在最佳狀態下學習。

我在美國留學期間，曾用盡全力學英語，當時連半夜說夢話都冒出英語。因為待在英語環境，我自然學會了各種英語用法。即使如此，仍有一些困難的單字和文法怎樣都記不住。

於是，我不斷從錯誤中學習高效率的學習方法，但仍常常忘記那些印象薄弱的內容。

我左思右想：「究竟該怎麼做，才能永遠記住學過的東西呢？」最後，我總算明白，唯有執行「那件事」，才能把記憶長期地留存下來。

那就是「復習」；正確來說是「在最佳時機復習」。

學生時代，老師常提醒我們：「今天上課教的內容，回家要記得復習喔。」但在當時，我完全不明白復習的重要性。

如今回想起來，才深深體會到復習是多麼合乎邏輯的超學習法。

●科學佐證的最佳復習時機

事實上，妥善安排復習時間，能有效幫助我們保存記憶力。

本書推薦的比例是「1：5」。

這是指**「學完到復習的期間：復習完到考試的期間」**的比例，原理出自加州大學聖地牙哥分校尼可拉斯・J・塞佩達（Nicholas J. Cepeda）等人的研究成果。

舉例來說，假如從讀完書那天開始算起，七天後是考試的日期。

在這種情況下，「學完到復習的期間：復習完到考試的期間」為1：5，根據「7÷6=1.16666…≒1～2日」的計算公式，**在學過的隔一天和隔隔一天復習，大腦最容易記住。**

但要注意，僅靠兩次復習，能記憶的知識量並不多。

因此，在第一次的復習之後，我們仍需反覆進行復習。

在這種情況下，第一次的復習日請用「1：5法則」，接下來則以平均間隔進行復習。

如果你很煩惱，不知道實際上究竟要復習多少次才夠，請大概抓「在考試時答對五次」。這表示大腦已經記住它了。

利用反覆輸出復習，就能確實把學到的東西留在大腦。

為什麼會開始在意復習時機呢？這始於我給自己做了一個測試，想看看那些老是忘記的英語單字，在經過一個月之後究竟忘了多少。

當時，我在讀書計畫表上寫下「一個月後復習△△頁」，還設了鬧鐘提醒，並在一個月後重新測試，發現自己竟然全忘光光了！

「既然如此，兩天後呢？」思考之後，我在兩天後又測了一遍，發現幾乎都還記得。察覺這點之後，我開始提醒自己養成習慣：學到的東西，一定要在一週內重新復習。

我接著繼續嘗試，並且發現：**「在學完的兩天後做復習，中間反覆數次，一個月後仍記得」。**

遺忘的時間每個人可能有個人差異，我自己測出來的最佳時機是「兩天後復習」。

●從腦科學看「短期集中＋復習」

如果是自發性學習，我們多半能靠自己努力；但更多情形是公司要求加考執照，或是參加TOEIC考試等。在非自發性的情況下，我們極有可能缺乏執行動力。

這種時候，就用「短期集中＋復習」的方式來衝刺吧！

告訴自己：「我想快點把討厭的事情做完，就先按照簡單的目標去做吧。」如此一來，意外能提高專注力。

腦科學也證實了這個做法。

其中之一是俗稱「幹勁開關」的大腦伏隔核機制。

事實上，幹勁開關的啟動條件是「開始行動之後」。

以讀書為例，如果只是消極等待「等我有心情」、「等我有空」，總是要等到「興致來了」才行動，幹勁開關永遠不會開啟。所以，我們必須先動起來。等你動起來，幹勁開關就會按下去，自動展開接下來的行動。

要先行動才會產生動力——這才是正確順序。

科學佐證的最佳復習時機

學完到復習的期間 ： 復習完到考試的期間

＝

「1：5」

最佳比例！

有科學根據的正確做法！

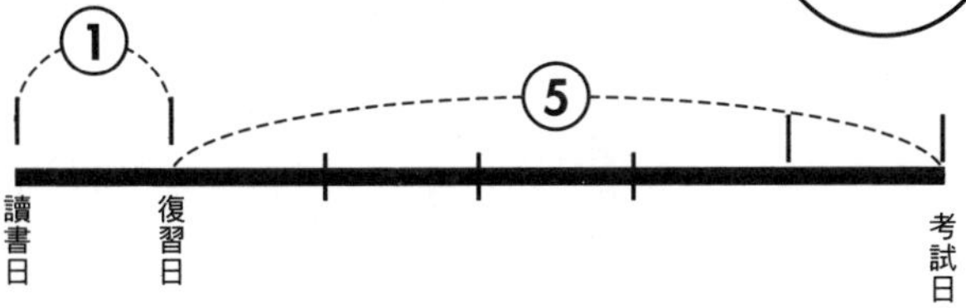

「學到的東西請在兩天後做復習，中間反覆數次，你會驚訝地發現一個月後仍記得！」請在忘記以前把握時機復習吧！

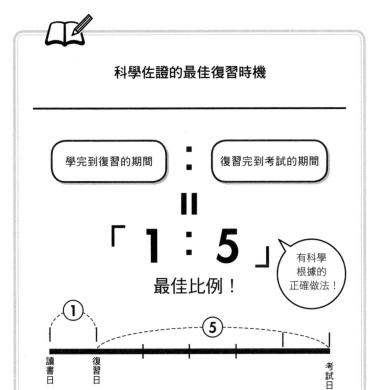

另一個根據是，大腦具有「可塑性」特質。

大腦不會核准過大的變化，具有回歸日常的特性，但可容納小幅度的變化。

改善習慣也是如此，如果想要立刻做出巨大改變，很可能止於三分鐘熱度。不過，只要從小地方開始著手，就能慢慢改變。

例如：「這兩週拚一點，很快就能結束！先從小地方開始！」、「我就先每天做二十分鐘，維持一個月試試看吧。」這些都是很棒的想法，比起必須花很長的時間做討厭的事情，想要迅速解決的心態更能促進生產力。

短期集中學習，外加定期復習。

如此一來就能維持動力，還能迅速展開小小的行動，這正是學成一樣事情的必備程序。

超學習法 18

學東西一定要樂在其中

如果你有志學習進修，第一個必要條件就是樂在其中。

透過自己想學的東西，結識志同道合的朋友，是多麼令人開心的一件事；能見到仰慕已久的老師，也是維持樂趣的關鍵原因。

人在感到快樂的時候，大腦會分泌俗稱「幸福荷爾蒙」的血清素。**血清素可以調節自律神經，維持心情平穩，對人的行為產生正面影響。**

換句話說，最適合學習的狀態，就是身心放鬆的時候。

即使學習內容艱澀難懂，不是你本身關心的領域，也請詢問自己：

「我該怎麼做，才能在學習過程中找到樂趣呢？」

「要用什麼方式去讀，才能保持期待呢？」

走在學習這條路上，懂得蒐集小樂趣是很重要的。

●如何促進血清素分泌

想要促進血清素分泌，具體來說該怎麼做呢？

以下是有效的行動方法：

一、一天花十五～三十分鐘曬太陽（起床後的三十分鐘最理想）。

二、一天適度運動二十分鐘（散步、慢跑、練瑜伽、游泳、騎單車等）。

三、驅動感情（與形形色色的人交流，或是多多接觸電影、小說及藝術）。

四、適度睡眠（一天至少睡足七小時，可以使用睡眠週期APP、智慧戒指等，幫忙測量、改善睡眠品質。）

五、攝取含有色胺酸的食物（推薦鰹魚、納豆、生核桃、香蕉，以及含有維他命B、鎂、菸鹼酸的食品）。

即便是自發性學習，過程中也難免有撞牆的時候。

「比原先預期的還難。」

「和我想的不一樣。」

這些念頭都是在所難免。

不過，越是這種時候，我們越需要放鬆身心。學習之餘，也別忘了照顧血清素。

超學習法19

定期接觸大自然，放空腦袋

各位讀到這裡，應該多少明白自己應該如何學習了。

但是，假如學習的對象換成了你的學生、你的小孩，情形就不同了。

舉例來說，如果你的孩子在考試前一天不讀書，一直打電動，你肯定感到頭痛不已吧？

但我相信，你自己也或多或少有過明知考試前一天非用功不可，卻怎樣都讀不下去，不小心上網、打電動的經驗。

我以前也常常這樣逃避現實。

站在孩子的立場，如果上課的目的只是為了考出好成績，實在相當乏味。就是因為這樣，才有很多孩子認為讀書是毫無樂趣可言的。

現在，孩子每逢「暑假」、「連假」就樂不可支。

每次我問自己的姪女：「暑假過得怎麼樣啊？」她一定會回答：「超開心！」這是世界共通的價值觀，從某個角度而言，小孩就是貪玩才好。

●豁出去，遠離書桌吧

你知道嗎？美國和日本的暑假可是大有不同。

美國將一年的課程分為上學期和下學期，而上學期會在六月上旬結束，進入長達三個月的暑假，直到九月初才開學。

換句話說，**美國的暑假比日本的暑假長了將近兩倍。**

而且，美國的暑假沒有派任何作業，可以徹底享受與家人朋友放鬆相處的時間，讓自己煥然一新。

有了整整三個月遠離課業、開心休憩的時間，接下來就能專心把集中力放在開學後的課堂上。由此可見，**漫長的假日有助於孩童靈活切換遊戲與學習頭腦。**

●借助大自然的力量，增強學習效果

趁著連假去戶外走走、親近大自然，也能幫助大腦徹底休息。**一週若能排進兩個小時的時間做森林浴，也能促進身心健康。**用煥然一新的頭腦學習，就能用嶄新的心情面對挑戰。

日本有許多山清水秀的自然美景，不管是一個人，還是和家人同遊都好，請多出去走走吧。

若能慢慢把親近大自然的行程排入生活空檔，面對學習的態度也會漸漸改變。別忘了偶爾趁假日去戶外走走，讓自己煥然一新。

現代人從小忙著學才藝、上補習班，生活的時間幾乎被讀書給占滿。**利用週末放空頭腦，對於專注力的提升有顯著效果。**

不是只有孩子需要放鬆，身為成年人也要懂得適時切換狀態，如此一來，當你需要自我進修時，才能以最佳狀態面對學習挑戰。

今日有讀書，
才是真正做學問。

——吉田松陰（一八三〇～一八五九，日本思想家、教育家，明治維新的精神領袖）

第二章

把內容化作血肉的「閱讀」技巧

說到學習，絕對少不了閱讀這一環。
但是，所謂的閱讀
並非「讀越多書越好」。
讀完之後，明確知道應該採取什麼行動，
你才能夠真正學到東西。

超學習法20

閱讀前要明確知道「目的」是什麼

培養知識最有效的方法，就是「閱讀」。以教科書、參考書為首，還有商業書、教養書為例，可看出學習和閱讀有著密不可分的關係。

書籍大致可分類為取得技術用的實用書、了解作者思維的啟發書，還有以享受故事為主軸的小說等。

現在雖然是出版寒冬時代，每年仍大約有七萬本的書籍在日本出版。身為一名書籍作者，我當然希望有更多人加入閱讀。

況且，**書是作者動輒耗費數年到數十年所得的知識累積而成的結果，卻得控

制在一般人都能接受的合理價格內。因此，書就是CP值最高的學習武器。

●毫無目標的閱讀，意義不大

請注意，書不是讀得越多越好。

因為，倘若每一本書都囫圇吞棗，很可能讀不到作者真正想傳達的精神。

所以，每當你「這本也想看、那本也想看」，首先要問自己：「你想從這本書裡獲得什麼呢？」藉此釐清此次閱讀的目的。

如果當下回答不出來，就先不要買。

因為，不先釐清閱讀的目的，讀完以後也難以得到明確的結果。

我在下手之前，一定會先弄清楚：「我想從這本書裡學到△△技術。」、「這本書能教我如何應用現在需要的△△知識。」如此這般，先確立目的才購買。

以下是我自己的情形。我在上小學前，就是一個超級愛看書的小孩，比起和朋友出去玩，我更喜歡躲在家裡看書。

求學時期，我貪婪地讀了很多自我啟發書和商業書，透過閱讀，讓自己的人生一步步地成長。

接著，我在二十歲時報名了速讀班，從那之後至今的十九年間，我每週固定讀一本書，可能是我想學習的領域，可能是我感興趣的題材（類型涵蓋商業書、健康書、自我啟發書、企管書及身心靈方面等），這些年來從未中斷。我可以大膽保證，是這些書堆砌出我現在的人生模樣。

身邊的朋友都知道我愛看書，與眾多厲害的經營者及活躍在各領域的大人物交流時，我最常被問的問題就是：「最近有沒有推薦的書呀？」

英語有一句格言叫：**「Leaders are readers.」（領導人都是閱讀人）**由此可見，有多少大人物都是書蟲。

美國知名商業雜誌《*Inc.*》曾經針對經營者及高階主管做過一項統計調查，

發現他們平均每個月讀四、五本書。

換句話說，想要有效輸出學習成果，高品質的輸入過程——即閱讀，是不可或缺的。

先找出一位喜歡的作者

那麼，如果我們希望在職場、在學習領域有傑出表現，要怎麼讀？

假設你現在想了解經營法則，**與其見一本愛一本，不如鎖定一位你嚮往的成功人士作為理想典範，把他寫的著作，按照你自己感興趣的優先程度，通通讀過一輪。**

因為，如果一次看了太多人寫的經營之道，各家眾說紛紜，反而會讓你越讀越亂，變得不知道該採信哪一種版本，最後失去原先的方向。

德國哲學家阿圖爾．叔本華（Arthur Schopenhauer）也在他的著作《讀書論》（*Über Lesen und Bücher*）當中提到：**「多重目的的大量閱讀，乃放逐自我思想之行為。」**

這是在說，過度漫無目標地閱讀，可能反被無謂的知識干擾，導致失去自己本來擁有的思想。

與其如此，不如一開始就鎖定一位專寫你感興趣題材的作者，透過反覆閱讀，把學問變成你自己的。

此外，即便是同一本書，在不同的心境下閱讀，接收到的訊息也會有所出入。你可以藉由這些差異，覺察自我當下的狀態。

如果你時常基於「好像很有趣」、「似乎很有用」而買書，幾個月後卻想不起來：「我家怎麼會有這本書？內容是什麼？」表示你可能用錯了閱讀法，迷失了閱讀的方向。

●展讀之前，用五個問題釐清閱讀目標

為了避免上述情形，展讀之前，請先按照下列步驟自我問答：

問一：你以後想在什麼領域活躍？

問二：你希望現在的自己如何成長？

問三：你希望現在的自己學習哪一類技術？

問四：你想成為哪一種思考方式的人？

問五：你希望現在的人生裡，可以獲得哪些靈感或啟發？

請先釐清上述問題，再來挑選你認為必要的書、開心展讀吧。閱讀的目的越清楚，越能抱持衝勁讀完它。

不過，有一點非常重要，假如你本身是不太看書的人，今天遇到一本書讓你產生「可以讀完」的直覺，不要猶豫，儘管讀吧。

對付討厭看書的孩子也一樣，只要孩子「稍微對某一本書展現出興趣」，就請多多鼓勵孩子讀。即使那可能是令家長猶豫的書種，也請尊重孩子的想法，讓他讀自己感興趣的題材。

如此一來，**就能獲得「讀完一本書」的成就感，漸漸變得不那麼排斥閱讀了。**

展讀之前的重要評估

先用五個問題釐清閱讀目標

問1：你以後想在什麼領域活躍？

問2：你希望現在的自己如何成長？

問3：你希望現在的自己學習哪一類技術？

問4：你想成為哪一種思考方式的人？

問5：你希望現在的人生裡，可以獲得哪些靈感或啟發？

問問自己吧！

↓

想清楚之後，再讀你認為必要的書。
毫無目標的閱讀，意義不大！

↓

目標越具體，越有動力讀！

↓

累積「讀完一本書」的成就感，
漸漸愛上閱讀吧！

超學習法 21

選書的三個重點

假如你有創業的計畫，想對行銷學有多一點了解，決定去書店挑本書。到了書店，你發現有關創業和行銷學的書，在平台上鋪得滿坑滿谷。

這時候，你會用什麼基準挑書？

如果裡面有一本書是由「極具公信力」的人所寫的，買它一定不會有錯。

可是，絕大多數人會被書名、封面、書腰文案或目錄上的摘句吸引，「憑感覺買書」。

追根究柢，**工具書的作用就是幫助你獲得想要的技能，讓你克服弱點、解決**

煩惱、消除不安。因此，挑選能夠激發創意靈感的書，是比較理想的做法。

舉例來說，如果你是一位有志創業並想歷史留名的大學生，在書店很容易就會注意到大企業家所寫的書；如果妳是一位想靠心理諮商自立門戶的家庭主婦，自然會挑選有口碑的女性心理諮商師所寫的書。

這麼做是為了效法前人，以實現自己的目標。

因此，**「憑感覺挑」也沒什麼不好，只是，當你的目標越具體，越容易從中得到收穫。**

為了實現目標，選書時有以下三點需要注意：

● 買書前給自己「三個提問」

一、你能對此書產生共鳴嗎？

選書最大的前提就是：你是否對這本書擁有共鳴。

缺少了共鳴，你將難以進入狀況，無法從中汲取有用的資訊。

請先讀過書名、前言和章節摘錄，確認作者想寫的「核心價值」對你來說有共鳴再買吧。

二、你能夠學習作者的思維嗎？

請先仔細思考，你想成為像作者一樣的人嗎？

假設你對書籍內容是有共鳴的，卻不嚮往跟他一樣，表示你並非發自內心認同他的思想。

不用擔心作者對你來說遙不可及，只要你認同他的想法，就能學習他的思維方式。透過學習作者的思維，你能獲得啟發，將之活用在自己的人生當中。

三、你能活用此書傳授的知識技術嗎？

請從實際層面去考量：當你明白了作者想傳達的主旨，並且學會了這套技術之後，你能實際在生活當中運用它嗎？

選書的重點

1 「你能對此書產生共鳴嗎？」

確認作者的「核心價值」，評估有無共鳴。

2 「你能夠學習作者的思維嗎？」

想想看，讀完之後，你想成為像作者一樣的人嗎？

3 「你能活用此書傳授的知識技術嗎？」

請從實際層面去考量，學會這套技術之後，你能實際運用在生活當中嗎？

當你終於挑到一本有共鳴、想要效法的書後，請抱持學習心閱讀。

你可以安排階段性的閱讀計畫，從感覺不是太遙遠的作者的書開始讀，也能尋找大人物早期的著作當作參考，循序漸進地加深閱讀，有效幫助學習。

作夢時就大膽一點，善用想像力來培育夢想、激勵自我。學習的真正意義是獲得兩樣法寶：一是符合自己當下能力，並能一步步拓展的實用技能；二是讓我們擁有遠大抱負、激勵我們前進的理念思想。兩者都要備齊。

最佳的選書法，就是透過這三個自我提問，**找出當下能運用在工作上、生活上的實用書籍，學習好用的知識和技術；同時搭配可以展望未來、帶你成為理想模樣的大人物的思維方法來擴充內涵。**

要先釐清「現在的自己」與「理想的自己」，再搭配漸進式的選書方式，一邊學習，一邊朝目標邁進。

超學法 22

高效閱讀三步驟

當你買完書後，會用什麼方式讀呢？

「在家悠哉地讀。」、「趁搭車、搭飛機的移動空檔讀。」、「利用零星時間，找間中意的咖啡廳坐下來讀。」以上是最常見的三種答案。

我也會利用移動時間來看書，除此之外，每天早上固定安排二十分鐘左右的晨讀時間。**晨間閱讀有很多好處，不但能喚醒大腦，用全新的腦袋閱讀，理解力也會增加。**

如果想要快速、高效地閱讀，請試試以下三步驟：

接下來分別為你說明。

●閱讀三步驟

●步驟一：「整本快速翻過去」（讀感覺）

首先請用十～二十分鐘把書籍快速瀏覽一遍。

透過快速瀏覽，掌握整本書的架構。

比喻成活動前的場勘，應該很好懂吧。

一開始就仔細逐字閱讀太花時間了，這樣會把讀完一本書變成一種壓力。

為了避免壓力發生，請先整本快速翻過去，大略瞧瞧這本書在寫什麼，記下你特別感興趣的關鍵字和章節，接著跳到步驟二，細讀重點。如果在試讀階段發覺「內容和我想的不一樣」、「內容好單薄」等，接下來就不用看了，繼續讀下去只是浪費時間，無法從中獲益。

● 步驟二：「先讀想讀的地方」（讀重點）

透過快速瀏覽掌握整本書的架構之後，第二次請正式閱讀。

但是，這時候還不用完整地從第一章開始讀。

重點是：一邊讀，一邊問自己想知道哪些資訊。因此，我們也可以說，提問的深度將決定閱讀的品質。

如果在快速瀏覽時得知「第二章才有我想學的東西」，那就跳過第一章，直接從真正感興趣的第二章開始讀吧。從你想學、想了解的部分開始，既能避開雜亂的資訊，還能明確地達成學習目標。

● 步驟三：「專心從頭開始讀」（讀整本）

第三次，請完整地從頭仔細閱讀。

來到這個階段，你已經相當了解書籍內容，讀起來會格外順暢。

這一次，請好好思考作者想傳達的主旨和故事內容，了解作者的想法之後，你的學習也會更加有感。

讀的時候，請在腦中與作者對話，揣摩作者寫作時的心境、想和讀者傳達什麼精神。想像力能讓閱讀變得更有意義，也更快樂。

以上三個流程，就是集中效率、不浪費時間的閱讀訣竅。

尤其是不愛看書的人、總是一字一句認真讀，讀到後面就忘記前面的人，以及讀完就滿足於現狀，忘記去實行的人，請務必試試三步驟閱讀法，改變你對閱讀的看法。

閱讀三步驟

步驟1

整本快速翻過去（讀感覺）

先用十～二十分鐘把書籍快速瀏覽一遍，如果覺得「內容和我想的不一樣」、「內容好單薄」，**接下來就不用看了。**

步驟2

先讀想讀的地方（讀重點）

快速讀過之後，第二次請正式閱讀。**從想讀的地方開始讀**，一邊讀，一邊問自己想知道哪些資訊。**提問的深度決定了閱讀的品質！**

步驟3

專心從頭開始讀（讀整本）

第三次請完整地仔細閱讀。這個階段已相當了解書籍內容，讀起來會格外順利。請好好思考作者想傳達的主旨和故事內容，了解作者的想法之後，你的學習也會更加有感。**讀時請在腦中與作者對話**，如此一來，閱讀會變得更有意義，也更快樂！

超學習法 23

了解作者的「核心價值」

無論任何書，一定都有作者想傳達的訊息，也就是「核心價值」。

甚至，作者就是為了向世人傳達這個理念，才寫下這本書。

作者想傳達的核心價值，通常會直接放在書名裡。

以本書為例，我想傳達的訊息就是「學習有方法可循，只要知道方法，就能用最短最快的速度學會它」。為了讓人一看便知，書名取做《最短時間，最高效率！50個超學習法》。

除了書名以外，書腰文案、摘句、序章（前言）和終章（後記）也會點出核心價值，翻閱之後，就能大致明白作者的用意。

●思考「作者想傳達什麼」

實際閱讀時，請同時想像作者經歷過哪些事情，才會得出這樣的核心價值，如此一來，會幫助你更加快速理解內容。

相反地，讀時未留意核心價值，很容易發生下列情形：

「看了半天，這本書到底在寫什麼？」

「作者到底想對誰訴說什麼呢？」

沒錯，你會讀得一頭霧水，越讀越挫折，留下煩悶的情緒。

當然，作者想在書中傳達的事情可能不只一件。尤其是啟發類的書，旨在傳達作者的思維，為了給予讀者許多觀念，有時一本書會涵蓋各項主題，無法一語道盡。

說起來，同樣一本書，每個人看到的、感受到的都會不太一樣。

有一百種人，就有一百種讀法。

因此，你自己體會到的就是正確答案。

此外，許多作者寫作時，會抱持一種使命感，希望讀的人在讀完以後，哪怕只有一點點，也能往好的方向走。

因此，作者究竟釋出什麼訊息，決定權在讀者身上，這才是作者真正想告訴你的重要啟示。

超學法24

一邊讀，一邊在腦中與作者對話

想要更加了解作者的「核心價值」，我們**必須一邊讀，一邊在腦中與作者對話。**

舉例來說，請想像你崇拜的作者就在眼前。

「書上說，你都用這套健康法來維持健康，實際上，你的一天是怎麼安排的呢？」

「難不成是上一本書中提到的那項經歷，讓你想提筆寫這本書嗎？」

類似這樣，想像作者就在眼前，你可以一邊讀，一邊向他請益。當然，只是妄想也沒關係的。

我們在閱讀的過程裡，一定會產生疑問。

「要是問了這個問題，他會如何回答我呢？」、「這個地方，他為何這樣想？」、「我想更了解這個詞的意思。」當你發現疑問，請立刻把問題寫下來吧。日後若是參加講座或簽書會，有機會見到作者本人，不妨親自請教他，相信這也是閱讀的樂趣之一。

再說，現在的書籍作者幾乎都有自己的YouTube頻道，或是臉書、IG、電子報等，方便讀者追蹤訂閱。**請持續追蹤作者的最新資訊。**

● 別讓閱讀止於閱讀

閱讀是單方面接收資訊，容易變成被動思考。不過，只要我們想像作者就在眼前，便能一邊閱讀，一邊思考「這邊我想問」、「這裡我想學」、「好想擁有這項能力」，藉此轉守為攻。自動自發、積極主動的心態，是學習的重要態度。

此外，**保持一面閱讀，一面與作者對話的好習慣，也能讓你在精神上更親近作者，因而更容易進入內容。**

「沉浸在閱讀」的感受可以激發出熱情，讓你不自覺地「想多學一點」、「想和作者一樣厲害」。

這不僅適用於書籍，你在看電影、觀賞舞台劇或是追劇時，也能保持聯想習慣。例如看電影時，你可以同時思考：「安排這個橋段的用意是什麼呢？」、「這句話有什麼含意？」、「真是如此嗎？」、「在現實生活中做一樣的事會怎樣呢？」透過向製作人提問，與現實世界做比較，我們得以從多樣化的角度來思考一部作品。

換句話說，**不管讀什麼、看什麼、體驗什麼，都別忘了保持「學習心」**。若能隨時意識到這件事，你的視野就會截然不同。別讓閱讀止於閱讀，請將學到的知識活用在人生當中，如此一來，你的人生也會變得意義非凡。

超學習法 25

看到一半先停下來，實際用用看

看書的目的並不是「讀完它」。

「讀完之後，活用書中的內容，身體力行，得到成果」才是閱讀的醍醐味。

如果讀完就滿足了，什麼行動都不付出，我得遺憾地告訴你，你這本書，幾乎等於白讀了。

●書不需要全部讀完

訣竅在於，你若讀到一半，發現「這招我馬上能用」，不要猶豫，闔上書吧。

讀時請在心中告訴自己：「好想用用看啊！」

心動不如馬上行動，真的不需要從頭到尾仔細把每個字啃完的。

當你察覺「這可以用」、「我現在就缺這一招」、「這點子能替我找出方向」，請立刻放下書，實際做做看！

就算只是「完成申請」、「約人見面」、「買了實行用的工具」等小事情也無妨。

在你付諸行動的當下，那本書就達成目的了。

假設你只看了第一章就開始實行計畫，就算後面一直沒讀完也沒關係，無須對書懷抱罪惡感。

每一本書，一定都有它的目的性。

只要讀者從中學到東西、化為具體行動，便達成讀者、作者的雙贏目標。

超學習法26

奢侈閱讀法

無論再忙，我一週必定會讀一本書。

我雖然固定安排了早晨二十分鐘的閱讀時間，但工作提前結束時，也會在夜間看書；假日有空，也會放下手機和電腦，只帶一本書去咖啡廳坐坐。

除此之外，我最近還喜歡趁健身時一邊聽有聲書。配合當下情境使用不同的方法閱讀，讀起書來特別享受。

換句話說，閱讀於我，是享受自我成長的奢侈時光。

●配合目的和情境閱讀

「還是紙本書好。」、「我只買電子書，因為不占空間。」紙本書和電子書各有擁護者，也各有各的優點，沒有說哪邊一定比較好。

它們最大的優點，是可以搭配不同的情境來使用。

以我自己為例子，我習慣本土書讀電子書，英文書讀有聲書和電子書，因為有聲書能同時學英語發音。

晚上我會用紙本書看小說，這是為了防止平板電腦的螢幕光源刺激大腦，影響睡眠品質（但若是Kindle等電子閱讀器，因為用的是電子墨水技術，就能不受藍光影響，安穩入眠）。

請配合自己當下的需求，交叉使用電子書和紙本書吧。

如果你最近讀的書有點艱澀難懂，同時穿插另一本輕薄短小、內容休閒的書一起讀，也是很棒的閱讀方式。

聽說有不少人讀到內容比較堅硬厚重的書時，容易注意力渙散，甚至發生讀到一半不小心睡著的狀況。

這種時候，請找一本不用動腦、內容輕鬆好讀的書來交替閱讀，就能切換頭腦，用嶄新的心情面對難啃的書。

很多學習類的理論書光是文字量就非常驚人。遇到磚頭書時切莫心急，一天讀一點，慢慢來吧。

倘若一本書能為你帶來成長，哪怕花上一個月甚至三個月也沒關係，不用急著讀完它。請一面讀，一面細細咀嚼內容，用自己的步調慢慢前進。

你越認定書中提到的內容非學不可，越應該花時間慢慢細讀，或是反覆閱讀。但是，不用堅持要全部吸收，差不多理解到百分之八十左右就很夠用了。

容我再說一遍，閱讀的目的是「讀完之後化為具體行動」與「獲得新的啟發、新的指引，以及增進靈感」。

配合情境，採用不同的閱讀方式

紙本書和電子書各有各的優點。

依照需求和情境，搭配使用，效果最佳！

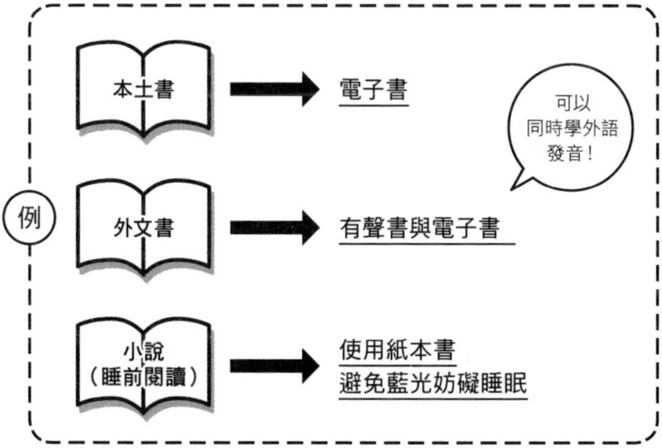

此外，「閱讀艱澀的書籍時，推薦搭配簡單的書，交叉閱讀」！
你可以花時間慢慢讀，不需要讀到百分百理解！

超學習法27

大方留下閱讀痕跡

最近，閱讀電子書的人增加了。不占空間與走到哪讀到哪，是電子書的兩大優點。

我當然也是電子書的使用者，我認為電子書的最大好處是，看到「這段寫得真好」、「這邊立刻能用」的段落，可以螢幕截圖做註記，或是使用複製功能，把文字貼到內建的筆記本上，還能把資料保存在螢幕桌面，之後需要重看時非常明確好找。

不過，主張「還是紙本書比較好」的人也相當地多。

紙本書的好處是，看到喜歡的段落可以摺起書角做記號，或是貼上便利貼等，方便日後反覆重讀。我自己則是遇到「覺得很重要」的段落時，會另外手抄。

手抄對於學習非常有效，不但能幫助大腦吸收，親自寫過的東西也具備不易忘的優點。

●成功人士的書往往充滿了閱讀痕跡

在書上寫字、抄筆記，能將書籍內容和自己的情感整合在一起，藉此加深記憶。有了情感整合，讀完後也容易化為行動。

我曾在自己的講座上，看到參加者在我的著作上弄了滿滿的便利貼和摺角。看到那一幕令我非常高興，並且不由得正襟危坐，體會到自己出書背後的意義重大。**毫不意外地，那位人士在課堂上的表現相當傑出。**讓我再次明白，認真閱讀、實際行動，就是邁向成功的不二法門。

超學習法28

書籍要專精深入，雜誌要廣閱淺讀

現在應該很多人習慣上網買書，以電商亞馬遜為例，系統會透過ＡＩ演算法，從你買過、點閱過的書籍當中，自動挑選其他你可能也感興趣的相關書籍，優先推薦給你。

對於平時較少碰書、無特定偏好作者的人來說，從買過的推薦書單挑書來讀，藉此延伸閱讀範圍，也是個不錯的選擇。

除此之外，你也可以看看暢銷排行榜和書評網站上有什麼熱門話題書，挑一本感興趣的書來讀。

我很喜歡推薦人家看書。原因在於，我真的常常因為與一本書相遇之後，進而認識了全新的自己。

上網可以迅速買到自己想看的書，相當方便；但別忘了，偶爾也去實體書店走走。在書店巧遇的命定之書，往往是你絕對不會在網路商城看到的書，符合你當下的需求。

我自己就曾多次偶然走進書店，買到當下最重要的一本書。因為這些經驗無可取代，我現在依然保持每週逛一次書店的習慣，實際翻閱感興趣的書籍、從書店排行榜調查讀者的喜好，並思考下一次的企劃。

●從雜誌獲取資訊，從書籍學到知識

還有一些人是「常看雜誌，但從來不碰書」。我認為，書和雜誌是兩種完全不同的媒介。

根據是，**「書籍提供知識，雜誌提供資訊」**（並不是在說哪種比較好）。

無論是男性雜誌、女性雜誌、商業雜誌、流行雜誌還是旅遊雜誌，所有類型的雜誌我都會看。

雜誌是很棒的資訊情報站，可從中獲得包羅萬象、淺顯易懂的雜學知識。

現在有「雜誌讀到飽」的電子書APP，用來蒐集情報相當方便。

雜誌還有一個好處：驚喜。就算是平時沒涉獵的類型雜誌，也可能翻著翻著，突然跳出令你感興趣的內容；更棒的是，內容涵蓋很廣，可讓你稍稍碰觸其他領域，而且彷彿身歷其境。

翻閱旅遊雜誌的時候，就好像自己真的出門旅行了一樣。其他像是流行時尚、商業趨勢的資訊等，雜誌的介紹也比書籍快速豐富。

不僅如此，翻閱雜誌還能讓你發掘連自己都意想不到的興趣及觀點。

你是否曾有過在理髮廳剪頭髮時，突然熱衷地看起平時不看的雜誌的經驗呢？如果你曾不經意地被某篇報導文字吸引，認真讀起那篇文章，表示那很可能就是你的潛藏興趣。

假如你正處於迷惘時期，覺得自己「沒有事情想做」、「沒有特別熱衷的興趣」，請試試大量翻閱雜誌吧。

也許可以意外地找到自己的興趣及專長。

如果想要深造你剛發掘的新領域，就用書籍來吸取更多專業知識。

如果你只會一種語言，
人生就是一直在長廊走路。
如果你會兩種語言，
人生前方的大門就會接連開啟。

——法蘭克．史密斯（Frank Smith，一九二八～二〇二〇，加拿大心理語言學家）

第三章

超效實踐的「英語」速成心法

據說世界上有超過七千種語言，
多一種會使用的語言，
看見的世界就會瞬間變大。
本章以世界共通語言「英語」為例進行說明，
想學法語的人請自動代換為法語，
想學西班牙語的人請自動代換為西班牙語，
以此類推。

超學習法29

用半年精通英語，一口氣增廣視野

聽說日文僅次於中文，是世界上第二困難的語言，光是平假名和片假名就各有四十六個字，連同常用漢字二千一百三十六個字也包含在內，組合搭配起來相當複雜。

相對地，英文只有區分為大寫、小寫，各由二十六個字母組成，相較之下單純許多。

從這個角度想，日語會被認為是困難的語言，好像也不意外。

換句話說，現在正在看書的你，能自然讀懂這篇文章，就是一件很了不起的事。

我會這麼說，是因為至今看過太多外國朋友，學日語學得相當痛苦。

既然我們可以讀懂其他國家認定為高難度的語言，想要反過來學習其他語言，絕對不是太困難的事情。

●只會一種語言就虧大了

我在二十歲的時候，下定決心認真學英文。

除了英文，我也學過中文和西班牙文。但由於英文是世界共通的語言，我特別希望能把它學好。

決定之後，我花了一年半的時間，把英語練會到某種程度，接著去美國大學留學，隨之而來的是，我的世界起了一百八十度大轉變。

當然，在我只會日語的時候，並不覺得有哪裡受限，每天照樣過得充實愉快。

只是，當我學會英語之後，才明白「原來世界上還有這麼多我不知道的事！」而深受感動。

用簡單的方式來比喻，假如你母親的家鄉在北海道，父親的家鄉在沖繩，那麼，無論你要回去哪邊，都會有一種類似小旅行的樂趣在。

同樣地，**假如你在日本、美國兩地都有朋友，自然會有雙倍的樂趣。人生在世，能多認識不一樣的世界，都是賺到。**

以下是我自己的情形。我決定發憤學英語的時期，正好也是我開始接觸自我啟發類型書的時期，因此，我常挑英語商業書來讀，並在初期學會了大量正向思考術及英文單字。

這麼做意外為我帶來了收穫。留美期間，我說的英語充滿了積極正面的表達方式，加上受美國人外向樂觀的社交個性影響，本來內向怕生的我，性格竟有了一百八十度大轉變，逐漸變成一個開朗樂觀的人。

因為學了不同的語言，性格、思考方式和行為模式也出現轉變，我認為這是

語言學習的另一個醍醐味。

閱讀本書的你可能有下列打算：

「想在職場上靈活地開口說英語。」

「想在日本當韓文老師。」

「想學好法語，以後住在法國。」

這都是很棒的計畫，務必學會你嚮往的語言、學習當地的文化、透過第二外語交朋友，無限拓展人生的可能！

我可以肯定地告訴你，「透過語言擁抱夢想，你的夢想會更容易實現」。

如同我在本章開頭所說的，你已經會了國際認證的高難度語言，想要學會第二外語，絕對難不倒你。務必善用本書傳授的超學習法，學習新的語言，擁抱更大的夢想。

學習新語言，也會一併學到新文化

語言學習還有一個有趣之處，就是可同時接收外國文化的薰陶。為了學英語，我開始讀原文書和原文雜誌，習慣瀏覽外國媒體新聞，不知不覺間，我變得相當熟悉美國和國際局勢。

在此具體地推薦你讀《*Forbes*》、《*Inc.*》、《*The Economist*》這三家英語雜誌或線上報導；如果你對時尚穿搭有興趣，透過《*GQ*》、《*VOGUE*》雜誌來學英語也是很棒的方法。

此外，也推薦你看美劇《冰與火之歌：權力遊戲》（*Game of Thrones*）；若是偏好經營、商戰題材，可以看看《矽谷群瞎傳》（*Silicon Valley*）這類美國喜劇；如果你有使用影音串流平台Amazon Prime、Netflix的習慣，不妨切換成英語字幕觀看主題紀錄片，可以一口氣學到很多新文化及新資訊。

超學習法30

強制打造英語環境

事實上，在我要去美國留學的一年多前，某天碰巧在大學校園看到「募集日本寄宿家庭」的海報。我不顧自己跟家人一起住，就擅自提出申請。**這麼重要的事情，本來應該先跟家人討論才對，但我先斬後奏，嚇壞了父母。**

起初家人大力反對，無法想像「接一個不會日文的外國人來家裡住」是怎麼一回事，但一來是學校有提供生活補助，二來是可以取得交換留學的機會，加上我實在太想學英語了，最後，我的熱情打動了他們。

站在家人的立場，整整一年，招待一位留學生來家裡住，肯定光想就暈頭轉向，但我知道，這是學英語千載難逢的好機會。

隨後，一位名叫喬許的二十二歲美國留學生來到我們家。

積極找外國人說話

家中多了一位說英語的寄宿生，徹底改變了我的語言學習環境。

由於喬許也是來日本學日語的，我們當然不會只用英語交談。但是，**使用英語教他日語的過程裡，讓我可以同時對照兩種語言，語言能力也突飛猛進。**

絕大多數日本人都很怕生，面對外國朋友，可能會緊張到說不出話。事實上，我在認識喬許以前，也是看到外國人就會緊張，一不小心就會沉默不語。

但是，與喬許同住一個屋簷下，讓我自然而然克服了這個毛病。

我們早上會同桌用餐，一同搭電車上學，一趟路程就要花上一個小時。我們也常常一起回家，一整天加起來，就有整整兩個小時可以練英語。

當我們各自參加社團活動，沒有一起上學時，我就會趁搭電車的時間拚命聽英語有聲書。因為，我希望喬許不在的時候，我也能延續我的英語環境。除此之外，我也徹底改變聽音樂的喜好，從熟悉的日本歌換成西洋歌曲。

在學校的時間，平均一天有三個小時的英語課。

有了喬許當作先例，我開始利用午休時間去留學生聚集的交誼廳，找其他留學生聊天。老實說，踏出第一步需要很大的勇氣，但聊著聊著就會逐漸忘卻緊張。我也會利用沒課的時間，去美籍老師的辦公室閒話家常，回家以後，再用日語夾雜英語與喬許分享一天發生的事。

假日的時候，我會積極找外國朋友去喝兩杯、看電影、大夥兒一起運動。回想起來，我當時真不是普通的拚命。

將語言學習融入日常生活裡，你自然會學到很多「課本上沒教的實用英語」，我稱它為「道地英語」。

事實上，在美國當地，沒有人被問到「How are you?」時會回答「fine」，這也是教科書永遠不會教你的事（附帶一提，美國人通常會回答Good或是Pretty good）。

學語言的捷徑就是離開書桌，多學多用，從錯誤中學習才會迅速有效。

我當時會這麼拚命，也是因為已經敲定一年半後換我去美國留學。「現在不努力，一年半後就死定了！」適度的壓力，是我前進的一大動力。

起初，我也曾因為一整天都要說英語而疲憊不堪，但是看到喬許和我一樣，每天努力為日語奮戰，我也受到了很大的鼓舞。

於是，我透過「留學之前強制當寄宿家庭」的方式，把握了實際鍛鍊英語的寶貴機會，這幫助了我之後去到美國時，更快融入當地生活。

學習課本上沒教的實用英語

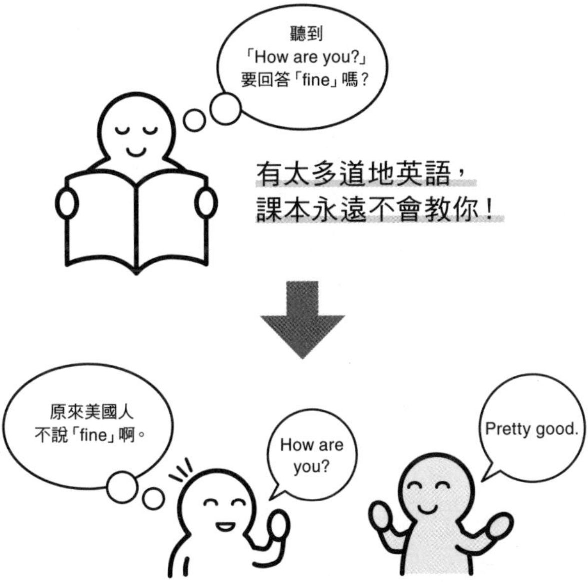

積極找外國人說話吧！

超學習法 31

不出國就能學會「實用英語」的七大招

和喬許生活的同一時期，韓國作家鄭贊容博士所寫的《千萬別學英語》（遠流出版）剛好大賣。

我一邊讀一邊想：「交換留學生制度，完全可以用來實踐書中提倡的內容。」當時，我已親身體會到：**真正的學習，往往是教科書上沒寫的。**

舉個例子，貿易商人出國洽商時，如果只會一句：「Nice to meet you. Where are you from?」這麼做是談不成任何生意的。

你應該多少也在出國時感受到了：學校教的句型常常詞不達意。**別懷疑，因**

為大部分的學校都不會教你實用英語。

所以，想要學習語言，應該飛去當地學。

這是精通外國語言的最佳方法。

問題是，不是每個人都能留學。如果你是包袱較輕的十到二十歲年輕人，我會直接建議你，趕快去留學吧！但是，如果你有工作、有家庭要照顧，「留學」在執行上是很困難的。

幸好，現在還有許多替代方案，讓你不出國就能輕鬆學好外國語言。

本章就來教你七個簡單好用，而且不用出國就能學好英語的實用妙招。

這邊雖然都說「英語」，但適用於「所有外語」，讀時請自動替換為你想學的語言。

●第一招：改聽外國歌

音樂的選擇本來就是自由的，我們可以依照當下的心情，選擇想聽的曲目，達到放鬆、提升鬥志、集中精神的效果。

一邊做事一邊刺激聽覺，具有潛移默化的功效。

我們可以一邊聽音樂，一邊動動身體、打掃房間，同時完成兩件事情；同樣地，也可以**一邊做事，一邊聽西洋音樂，同時讓大腦自然而然地記住英語。**

如果在歌詞裡聽到好奇的單字，請立刻查字典，如此一來，就能同時進行輸入和輸出（想查詢歌詞時，用「曲名&Lyrics（歌詞）」就能找到）。

人家常說，「學英語就要聽披頭四」，但意思並不是非要聽披頭四不可。**聽自己喜歡的音樂才是最重要的。**

有愛才會反覆聆聽，還會一邊聽，一邊唱，達成輸出的功效（個人推薦聽U2樂團、酷玩樂團和凱蒂．佩芮的歌），所以，儘管挑你喜歡的歌手和曲子來聽吧。

● 第二招：把手機的系統語言改為英語

走在現代，你只需要一支智慧型手機，就能工作、購物、上課、跟三五好友團聚聊天。

手機比起電腦更容易攜帶，成為現代人形影不離的工具，工作的時候、睡覺的時候，甚至洗澡的時候都帶著它，因此說到學習，我們怎麼可以忘了它？

我開始學英語所做的第一件事，就是「把手機的系統語言改為英語」。**直到這一刻，我才驚覺平時隨手使用的手機上，冒出好多令人一愣「咦，這是什麼？」的陌生單字。**

我立刻查字典，逐一搞懂每一項功能的英語是什麼。我至今仍清楚記得那種類似遊戲破關的暢快感受。

加上**手機每天使用率高，大腦一下子就記住那些單字了。**我也為了查單字，意外地發現了一些手機隱藏功能，不但學了英語，還有了額外的收穫，簡直一石二鳥。

年輕世代對手機功能都很了解，對流行事物也很敏銳，非常適合採用這個學習方式。

第三招：用英語閱讀&觀賞&聆聽你熟悉的書籍、電影、外國連續劇

對於學語言有著滿腔熱情的人，一定都挑戰過「無字幕電影」。我在留美期間，也曾興沖沖地挑戰無字幕版的《追殺比爾》（*Kill Bill*），結果完全看不懂，重看了好多次才勉強看懂。

想用激將法學英語固然好，但若完全不知道內容，學習效果可能大打折扣。如果因此產生挫折感，可能適得其反，非但沒學到英語，還變得討厭英語。

有鑑於此，**我們要做的不是突然選擇「無字幕」，而是挑幾部你已熟知內容的電影或外國連續劇，先用「英語字幕」觀看，接著再改成「無字幕」訓練聽力。**

外國連續劇一集大約半小時到一小時，即使不知道內容也不會占用太多時間，比起突然看兩、三個小時的電影，連續劇的長度更適合初學者。

如果是已經看過很多遍的電影，想必你早已記得：「這邊會說那句經典台

詞！」

如此一來，你便能進階思考：「那句名台詞用英語怎麼說？」並在確認原文之後理解內容。

如果你這時候「感動得哭出來」，表示你是「接收到英語而觸動情感」，這也是足以令人感動到哭出來的學習成果。

閱讀也是同樣的道理。要是一開始就讀不熟悉的外文書，一定會屢遇挫折，永遠讀不完。

邊讀邊查字典也有一定的限度，因此，最好的做法是挑一本自己熟悉內容的書，去找它的英文版，從有把握的作品開始讀。

如果是有聲書或網路影片，建議初學者選擇「對談類型」的作品。因為，倘若只有一個人滔滔不絕地說著英語，你聽到不懂的地方就會卡住，然後再也無法跟上。

對談就不會有這個問題，每當其中一方說完，都能用全新的心情繼續聆聽，方便掌握內容。

即使剛開始完全聽不懂，隨著反覆聆聽，你會逐漸理解百分之二十～三十；聽了十～二十次左右，就會理解百分之四十～五十；聽了二十～四十次左右，就能理解百分之九十的內容了（當然也有個人差異）。

訣竅在於，不要「左耳進右耳出」，你可以同時做其他事，但要「專心聽」。

想要增進效率的話，推薦你一個好用的音樂播放器APP「Audipo」。請善用APP，將不需要聽的部分剪掉，反覆集中聽重要的地方。

重點在於「大量聽英語」。初中級者可抓一個英文單字平均「聆聽四十遍」、「朗誦二十遍」。

等到這個單字幾乎完全記住，再換下一個單字。

此外，如果挑書時找不到「自己很熟的書」，推薦你從兒童故事書下手。童書的文字量不多，稍微查一下單字就能看懂，還有插圖作為輔助，幫助聯想內容。

每個人小時候一定都有喜愛的童話，只要是經典故事書，幾乎都有出英文版。

如果你家剛好有小朋友，不妨找孩子喜愛的故事書的英文版來親子共讀，一起愉快地學英語吧。在此推薦史賓賽．強森的《誰搬走了我的乳酪？》（*Who Moved My Cheese?*）。

●第四招：從自己的興趣、喜好、工作下手，尋找相關的英文網路媒體或書籍來讀

如同我在前面說的，我從還在念書的時候，就特別愛看自我啟發類的書籍。所以，我自然會好奇「英語版」的自我啟發文章報導、雜誌和書籍等長什麼樣子。

但是說到物理學，我總是提不起勁來，英語單字的學習狀況遠不如自我啟發

類來得好。

人本來就有擅長與不擅長的事物，遇到自己喜歡的東西，腦袋會呈現輕鬆開放的狀態，吸收學習的速度自然會加快。

因此，學英語時，請多多挑選跟自己的喜好有關的事物下手吧！

舉例來說，假設你從事服務業，可以在腦中做以下思考：

「歡迎光臨的英語是『Welcome, how may I help you?』嗎？」

「歡迎再度光臨要說『Thank you for coming, see you soon.』對嗎？」

像這樣，把你熟悉的句子換成英文看看，應該滿好玩的。

很多人應該連想都沒想過，自己平時常說的句子，用英語要怎麼說吧？所以，當你發現常用語怎麼說之後，會有一種發現新大陸的感覺。

撇除工作，每個人都有各自的休閒嗜好，像是跳舞啦、看棒球啦、下將棋啦，或是喜歡看迪士尼等等，請保持把興趣轉換為英語的思考習慣，例如：

「將棋的『棋』，英語要怎麼說？」

「這些迪士尼卡通的英文片名是什麼？」

「不要只看日本職棒，下次也來看看外國職棒吧。」

把自己的興趣和英語結合在一起，會頓時親切倍增，讓你更有學習欲望。

第五招：和朋友一起學外語

學語言最重要的，就是強制投入那個語言環境。

我會建議出國留學，也是因為這麼做最能融入當地環境。

不過，即使身在日本，依然有許多強迫接觸外語的方法，其中最有效的，就是和朋友一起學外語。

在傳統的語感上，「學習」似乎給人一種獨自默默耕耘的印象。但是，如果和志同道合的夥伴一起加油努力，就能輕鬆打造強制學習的語言環境。

我自己在學英語的時候，也找了和我一樣想把英語練好的夥伴一起學。我在拙作《不幹的決心》（やらない決意，Sunmark出版）當中也提過，環境的力量遠大於人本身的意志力。

只要規定「接下來的一小時禁止說日語」，效果等同於「去參加只有外國人的聚會」，可以有效提升強制力。

有了高度強制力，人才會迅速成長。

為了達成這個目標，我們需要環境及夥伴。

剛去美國留學的時候，我連和朋友去咖啡廳點餐都會緊張，有時甚至說了好幾次「coffee」，外國人還是聽不懂。

起初我吃足了苦頭，也為自己的發音感到丟臉，幸好有一群小夥伴陪我一同奮戰，我才能克服難關。

現在，日本多了很多公司內部的共通語言為英語的企業。

在這種企業環境下，員工會產生一種「必須努力」的心情，在強制成長的空間下快速學會英語。不僅如此，這股積極堅定的學習意志，也促成了企業本身不斷成長。

●第六招：用英文自言自語&唸出來

回到先前再三強調過的，「輸入」的內容必須經過「輸出」這道手續才會記住，而此處適用的輸出方式就是「自言自語」。

無論你擁有再多學習夥伴，回到母語環繞的家裡，外語思考就中斷了。所以，**當你在獨處的時候，記得要切換回英語模式自言自語。**

一般我們最常脫口而出的：「我好累。」英語可以說：「I got tired.」有時我們會對自己打氣：「我可以！」英語則會說：「I can do this!」

用這種方式，把你平時自言自語的口頭禪用英語說出來。

也許剛開始會有一些單字想不起來，但漸漸地，你會越說越溜，就會習慣用英文嘀嘀咕咕了。

一旦養成這個習慣，會覺得自己的英語突然變得很好，這股自信心對於學習能帶來正面影響。

不只是自言自語，你也可以把自己的所思、所感，用英文寫下來。

即使是現在，我在靈光乍現、想到好的企劃案，或是想在著作裡分享某些內容時，仍保有用英語在手機memo的習慣。

這份備忘錄只有我自己會看，類似創作靈感筆記本。

所以，就算哪裡寫錯了也不用擔心被人責備，可以自由地寫。

利用獨處的時間說英語、寫英文——只要養成這個習慣，你的英語能力就會不斷成長。想要知道正確的拼音和文法，只要上網搜尋一下就有了，請多多利用網路搜尋吧。

第七招：找出憧憬的對象，學習他的表達方式

現在有非常多的線上英語會話供人瀏覽使用。

上網搜尋「線上英語課」、「Zoom英語會話」等，會跳出許多好用的資源，請自行挑選喜歡的老師和課程影片吧。

使用線上服務，對於學語言也有很大的幫助。

但另一方面，因為線上資源太多了，多數人的煩惱可能是不知該如何挑選老師。

以下提供兩個重點給你參考：

一、讓你發自內心尊敬的老師。

這是很理所當然的道理，人只會相信自己尊敬的老師，願意聽從他的教導。不管是名師也好，至今教過上萬人的資深教師也好，或者是年輕有活力的老師也好，儘管挑選你心中的理想教師吧。

人有所謂的磁場問題，和自己合不合比較重要。無論別人再怎麼向你推薦「這位老師多好多好」，只要你自己沒感覺，他就不是你的最佳老師。請從學習體驗選擇你認同的老師吧。

找到讓你發自內心尊敬的老師之後，你要向他學的不只英文，請一併觀察對方的言行舉止。

尤其是外國人，他們常常會有比較大的肢體表現。

例如，他們在說「好吃」的同時，會一邊說「It’s so good!」或「That’s delicious!」，一邊搭配肢體動作。

請仔細觀察這時候的語氣變化、速度變化，以及重音擺在哪、手勢和表情如何表達等等，然後模仿看看。模仿肢體語言和動作反應等，也是學習外語的重要一環。

二、日語不流利的外籍老師。

講到英語會話老師，我們總有一種他們「英語和日語都很強」的印象，結果一不小心就用日語說起話來。

沒有人一開始就能用英語跟外國人溝通，因此難免覺得「找會日語的老師教比較放心」。

但是，這樣一來會放鬆過了頭。

我在前面提過「強制打造英語環境」，其中也包括日語不好的外國人，唯有面對非要說英語不可的狀況，你才會強迫自己使用英文並迅速進步。

真的不了解對方的意思時，你大可以這樣問：

「Could you say one more time?」（可以再說一遍嗎？）

「Could you speak more slowly please?」（可以說慢一點嗎？）

不要覺得丟臉，儘管大方地說吧。

日本人有個不好的習慣：遇到不懂的事情會不好意思開口問。

可是，**如果你有心要把英語學好，想要拓展自己的視野，就要拋開羞恥心。**積極詢問不懂的問題，也是表現自己的絕佳機會，請多多主動發問。

此外，收看TED（https://www.ted.com/）或上YouTube頻道觀看景仰對象的演講，同樣有效。

同一支影片最少要看七次。

打開英語字幕，一邊看一邊同步跟著唸（這叫做「Shadowing」練習，比音源稍微慢一、兩個字，如影隨形地跟著唸），可以多試幾次，同步模仿手勢和肢體語言，等熟悉以後不看字幕做。

以上七招是你現在立刻能用的語言學習法。從你感興趣的領域開始學，保證讓你越學越有勁，語言能力大大提升。只要掌握上述重點，你的英語能力一定會不斷成長，請在日常生活中實踐學習吧。

照著做準沒錯！

不出國就能學英語的七大招

1 改聽外國歌

➡ 一邊做其他事，一邊讓英語進入腦海。

2 把手機的系統語言改為英語

➡ 每天都在用，大腦一下子就會記住。

3 用英語閱讀&觀賞&聆聽你熟悉的書籍、電影、外國連續劇

➡ 先選「有字幕」，之後再改成「無字幕」。（例如看電影、追劇的時候）

4 從自己的興趣、喜好、工作下手，尋找相關的英文網路媒體或書籍來讀

➡ 如果喜歡運動，就找跟運動有關的書來讀。

5 和朋友一起學外語

➡ 不出國強制打造外語環境。

6 用英文自言自語&唸出來

➡ 把所思、所感用英語寫下來。

7 找出憧憬的對象，學習他的表達方式

➡ 挑選「自己尊敬的老師」及「日語不流利的老師」，模仿他們說話。

超學習法 32

學習不設限

這麼做雖然比較極端一點，但是，當我決定赴美留學之後，「放棄英語」從來不在我的選項裡。

具體來說，所謂的「放棄」即「沒學會英語就逃回日本」，而我壓根沒想過這個可能性。

為什麼？因為一旦放棄了，等於把至今投注的時間和金錢丟到水裡。這是我極力想避免的情形。

當你為了學習某項技能而行動時，心裡難免忐忑不安。你可能會擔心東擔心西：「我有耐心學到會嗎？」、「如果中途失敗會被嘲笑。」問題是，你越這麼想，越容易招致失敗。**做任何事都是如此，負面思考非但沒幫助，還會阻礙成功。**

的確，即使花了很多時間學英語，我們仍怕自己會半途而廢，擔心自己根本學不好。

這種時候，我會做聯想訓練，每天想像自己「和美國人有說有笑、談笑風生」。即使你的英語還很破，想到自己說得一口流利英語、開懷大笑的模樣，整個鬥志都上來了。

除此之外，看美劇或電影時，想像自己就在畫面裡一樣管用。正因為我時常用正面聯想來鼓勵自己，才能不屈不撓地學成歸國。

●不安的時候，請反思：「為什麼？」

想要保持正面聯想，你首先要釐清：「我為什麼想學英語？」

你可以多多舉例，像是「以後想移民國外」、「想去矽谷工作」、「想和美國人結婚，生個混血寶寶」等，多麼天馬行空都沒關係。有志學語言的人，一定都各自懷抱著遠大的夢想。

無須感到丟臉，請明確地知道自己的夢想，並且回想自己為何渴望實現夢想？接著，請想像自己美夢成真的畫面。

時時刻刻保持原始動力，關係著你最後能否成功。

明確的夢想可以幫助你在失意時找回初心，調整心情，重新出發。

話雖如此，老實說，我在留學之前，也曾因為留學要求的托福分數遲遲上不來而灰心喪志。

「我在日本土生土長，想要學好英語實在太難了……」我也失去過信心，懷疑去美國讀大學對我來說是否門檻太高。

然而，越是這種時候，我們越要問自己：「我為什麼想學英語呢？」**你的內心可能會冒出以下聲音：「我想去美國留學，拓展自己的可能。」、「我想在美國當地學企業管理。」、「說得一口好英語，別人會覺得我很酷。」這些都是你內心最**

真實的想法。也許寫出來很丟臉，不過，好好面對自己的真心也是很重要的。

直視真心之後，你會奇妙地想通「為什麼考不了高分」。原因影響了結果，而我托福考不好的原因意外地簡單，就是詞彙不足。

知道問題出在哪後，我卯起來把便利貼貼滿整個房間、隨身攜帶單字本，走到哪背到哪、在筆記本上瘋狂寫滿單字，一天二十四小時都在惡補英文。有了「不惜一切手段都要拉高分數」的覺悟之後，我把所有醒著的時間都拿來讀英文，連睡覺時都不忘「睡眠學習」，聽英語CD聽到入眠。

結果半年後，我順利考到去美國大學正式留學需要的分數，心裡感慨萬千，很慶幸自己當初沒有放棄。

成為頂尖人士需要什麼呢？
專注力、鍛鍊與一個夢想。

——佛蘿倫絲・南丁格爾（Florence Nightingale，一八二〇～一九一〇，英國護士）

第四章

直通成果的「專注力」鍛鍊法

學習要有效率，
其中萬萬少不了專注力。
問題是，有許多人
無法把學習和專注力連結起來。
只要知道有哪些
提升專注力的小撇步和好習慣，
你的學習力也會飛躍性地成長。

超學習法 33

掌握專注力的高峰期

我先聊聊日本學校一堂課的上課時間：小學四十五分鐘，國、高中五十分鐘，到了大學竟然是小學時的兩倍——九十分鐘！

還記得上小學的時候，我連要專心上課四十五分鐘都覺得困難，上大學突然變成九十分鐘，即便已經長大了，能從頭專心到尾的人根本沒幾個。

出社會後時間更長，多數上班族都是朝九晚五（六）地工作著（當然也要看職業），扣除午休時間，每天至少工作七～八小時。

學生時還有下課時間，上班之後竟然要重複同樣的工作、同樣的程序七～八小時，無論怎麼想，專注力都不可能持久。

根據東京大學研究所池谷裕二教授和倍樂生（Benesse）出版教育事業公司所做的「讀書時間與學習吸收、專注力的相關實驗」發現，**「連續讀書六十分鐘」的組別，與「中間安插十五分鐘休息時間×3（合計四十五分鐘）」的組別相比，有安插休息時間的組別，考試分數比較高。**

我自己也有切身感受。即使忙到工作做不完，要我連續坐在辦公桌前做一樣的事都是不可能的。就算中間有安排休息時間，連續八小時在同一個地方做同一件事情，身體都會感到吃不消。

從前矽谷的工程師會住進公司，沒日沒夜地做，然而現在企業文化已經改變，只要在規定的九點～下午五點內有效率地完成工作就好。

●人的專注力高峰期，最多就是二十～三十分鐘

回想起來，舊日本社會流行這種企業文化：

「加班代表了工作熱忱，很了不起！」

「新進員工不能比主管早下班！」

反觀現在，禁止員工加班的企業越來越多了。從專注力和提升效率的觀點來看，這是很好的風氣。

說起來，人真正發揮專注力高峰的時間，頂多就是二十～三十分鐘。

國外研究也顯示，**成人的專注力，平均最多只能維持二十分鐘。**

因此，我每工作三十分鐘就會去上上廁所、動動筋骨，刻意離開辦公桌，轉換心情。

除此之外，我每隔九十分鐘或一百二十分鐘，會離開辦公室或家中五～十分鐘，去喝水、散步。如此一來，就能隨時保持最佳專注力。

善用小段小段的時間區間，掌握專注力

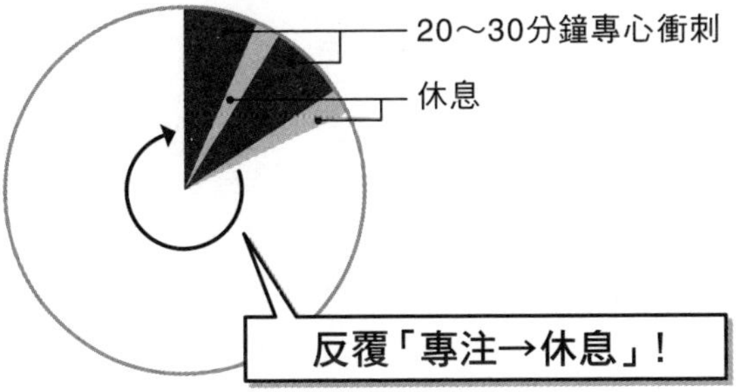

許多上班族早上抵達公司以後，會先坐下來喝咖啡、東摸摸西摸摸，直到十點才開始正式上工。

集中兩小時工作後，中間吃個午餐，進入下午就變得昏昏欲睡。

想當然，一邊與瞌睡蟲奮戰一邊工作，腦袋渾渾噩噩，效率也不彰。

既然這樣，不如充分發揮效率，把一天當中最重要的工作優先做完吧。

像我很清楚自己的最高專注力只能維持二十～三十分鐘，所以我會有計畫地安排當日的必要行程。

如果當天我想專心寫作，會利用專注力最好的上午時間獨自寫稿，利用下午與人開會、參加線上會議、去辦公室附近的咖啡廳與人見面、看看書等，有效率地分配時間。

無論工作再怎麼忙，人都不可能連續專注做同一件事情七～八小時。**記得每隔二十～三十分鐘就要起來休息，這樣才能提高生產力。**

超學習法34

創造屬於你的「超專注環境」

既然專注力最多只能維持二十～三十分鐘，我們就得打造一個屬於自己的專注空間，在那裡專心工作念書。

如果你是居家工作者，理想的環境就是擁有一個屬於自己的房間，在不被任何人打擾的情況下工作。

雖然都是自己的房間，**但要跟臥室區分開來，最好是另隔一間書房，裡面只擺放工作桌椅。**

除此之外，還可以從下列方面著手。

打造超專注環境的六個要訣

一、桌面要徹底乾淨整潔

桌面要隨時收乾淨，不要擺放多餘的雜物。

基本上，我的桌上只擺電腦。為了防止干擾，我連手機都會擺在手搆不著的地方。

只要視野範圍內有任何跟工作、念書無關的東西，就會分散注意力導致分心。請盡量減少視野範圍內會看到的物品。

二、保持室內空氣清新

使用空氣清淨機、開窗通風等方法，隨時保持室內空氣清新。

另外，我也推薦點香茅、迷迭香等提升專注力的香精油。如同我在前面篇幅（超學習法12）所提到的，香味能直接刺激大腦作用，有機會請務必一試。

三、戴上耳機

如果你想「集中工作三小時」，可以戴上耳機阻絕其他聲音，創造屬於你的高專注力空間。

旁人看到你戴上耳機，也會知道：「啊，他現在不想被打擾，我晚點再來找他吧。」

我在搭飛機時也會戴上耳機聽音樂、看書，進入自己的小世界。個人推薦「博士牌」（Bose）的消噪耳機。

四、關掉手機

想要專心做事時，請把手機關機或通知關掉。

手機絕對是數一數二妨礙現代人專注力的「文明利器」。

它會跳出各種通知，不斷妨礙你做事。朋友的LINE、工作電話和e-mail、網路社群動態等等……這些通知彷彿在大聲訴說：「看我！」阻礙你的行動。如果一一確認，別說專注力了，你連一件事情都做不完。

所以，請狠下心，遠離手機吧。必須分秒必爭的重大事件不會這麼巧就給你碰上的，懂得創造短短三小時屬於你自己的專注時間，絕對是漫漫人生中的必要技能。

五、關掉網路或WiFi

延續上一個做法，我同樣建議你關掉網路。

現代人已經養成趕報告或是寫作的時候，也會同步關心有沒有人寫信過來、突然想查資料就立刻上網的習慣，這正是網路太方便所帶來的困擾。必要的時候，請關掉WiFi，或是換個沒有網路的環境做事吧。也可以使用Focus Me（https://focusme.com/）這一類APP，設定特定時間無法上網。

六、找到自己中意的「專注空間」

如果家裡沒有多餘的空間讓你打造超專注環境，就去外面找個喜歡的地方。來到這個特殊空間，你就會自動切換為專心模式。

寧靜、舒適的咖啡廳就是很好的地點，那裡有許多跟你一樣需要專心工作、讀書的人，形成一種同伴意識。習慣在那裡讀書、工作之後，一走進店門，你的專注模式就會自動開啟。

換句話說，這麼做的用意是讓「前往咖啡廳」成為提升專注力的「條件反射扳機」，在那個空間裡，你會自動專心做事。

你可以多存幾個自己中意的口袋名單，依照不同的用途前往。

例如，我有一位朋友的工作是文案寫手，每當他要寫重要的大案子時，一定會去圖書館寫。

辦公室或咖啡廳難免會有嘈雜的聲響，還有店內播放的音樂與其他人的交談聲，會分散注意力，圖書館則是安靜至極，適合專心動腦。不過，也有一些人表示太安靜反而會靜不下心，請依照自己的習慣，找出最適合你的專注空間。

我自己習慣趁搭車的移動空檔專心「輸入」。

因為工作性質的關係，我經常四處奔波，所以自然養成了在飛機上、電車裡，甚至計程車內看書、讀資料的習慣。這對我來說是好習慣，可以感覺到大腦的吸收記憶力特別地好。

不過，當我需要思考創作的時候，還是一個人的空間比較好。

來到不一樣的空間裡，可以讓你進入不同的狀態，藉此激發出沉睡在大腦深層的專注力。

我的幾位要好的作家朋友也不約而同地表示：「在大自然的環境中寫作趕稿，效果特別好。」

這出自人類的「親生命性」（Biophilia），是一種自然想要親近大自然的原始本能。無論你喜歡哪一種，挑一個自己覺得放鬆舒適，又能切換模式的地方，建立屬於自己的專注空間吧。

創造屬於你的「超專注環境」的六個要訣

1. **桌面要徹底乾淨整潔**

   ➡ 只放電腦，遠離手機。

2. **保持室內空氣清新**

3. **戴上耳機**

   ➡ 阻絕雜音，讓旁人不找你說話。

4. **關掉手機**

   ➡ 或是關掉通知。

5. **關掉網路或WiFi**

6. **找到自己中意的「專注空間」**

   ➡ 來到不一樣的空間，自動切換成專注模式。
   ➡ 咖啡廳、圖書館、移動中etc……

超學習法 35

善用「小瞇一下」、「沖澡」、「冥想」回復專注力

即使有了自己的超專注空間，我們難免會有被打擾的時候，當專注力被打斷時，請用以下三個方法回復專注力，再創學習和工作的最大效率。

回復專注力的三個祕訣

● 祕訣一：小瞇一下

根據美國太空總署（NASA）的研究發現，**小睡二十六分鐘的飛行員，比**

起完全沒睡的飛行員，注意力提升了百分之五十六，達成任務所需的專注力則提升了百分之三十四。由此可知，就算只是短暫睡眠，人也能獲得不輸給夜間睡眠的認知回復效果。

此外，加拿大布洛克大學神經科學系的金伯利．柯特教授則指出，如果睡超過二十六分鐘，人會進入深層睡眠狀態，大腦也會停止活動。也就是說，一旦睡超過回復精神的時間，大腦反而會變得不靈光。

因此，**如果你打算休息一下恢復精神，請小瞇個「十～二十五分鐘」就好，這是回復精神最理想的時間。當你醒來的時候，就能恢復高專注力繼續打拚。**

如果你是居家學習者，可直接躺在床上或是沙發上休息；如果身在職場，不妨去公園長椅或附近的咖啡廳瞇一下，感受一下短暫睡眠的功效吧。

還有一個令人訝異的研究結果是「睡午覺前要先喝咖啡」！這是因為，咖啡因要在攝取後的三十分鐘才會被身體吸收，午睡前喝咖啡，可以幫助你順利清醒，精神奕奕地迎接下午的工作。

廣島大學對十名大學生進行研究，**發現有睡二十分鐘午覺的人，成績表現**

比較不容易下滑；而除了午覺之外，加上「午睡前喝咖啡」、「睡醒後洗臉」、「睡醒後曬強光」條件的人，成績表現得更好。

其中效果最好的就是「午睡前喝咖啡」，不但能保持頭腦清醒，成績也幾乎不受影響，而且在進行實驗的一小時內都不會愛睏。

● 祕訣二：用四十二℃的熱水沖澡

如果你覺得頭昏昏腦鈍鈍，想要轉換心情，「沖澡」是個好方法。

橫濱市立大學醫學院的中村健教授，在二〇一八年做了一個沖澡醒腦的相關實驗，分別比較用四十二℃和三十五℃的水溫沖澡二十分鐘，會有什麼差異。結果發現，**用四十二℃沖澡的組別，負責活化神經細胞的蛋白質「腦源性神經營養因子」（BDNF）的級別上升了。從實驗中可看出，維持、增加、促進神經細胞成長，能幫助人類取回增進學習和記憶力所需的專注力。**

此外，醫學博士小林弘幸也提到，沖澡能刺激皮膚，活化交感神經，擁有絕佳的「醒腦效果」。因此，當你累到動彈不得時，趁休息時間沖個溫水澡，就是你的特效藥。

● 祕訣三：冥想（mindfulness）

「冥想」是一種清除腦中多餘雜念、專注呼吸、覺察當下的方法。這招在房間或辦公室等任何地方都可以用，是最最方便的回復術。

日本在二〇一五年對小學生進行的研究當中發現，「有在做冥想練習的學生，認知能力和數學成績都提高了」。此外，加州大學的研究家也用實驗證實，冥想可以加強記憶力、語言能力和專注力。

我們的大腦每接觸到一次新訊息，就會重新對焦。

所以，我們可以藉由一次清除腦中雜念，重新把焦距對到我們應該專注的事情上。以下是坐著就能簡單清除雜念的冥想步驟：

一、盤腿坐下，視線朝下，抬頭挺胸。

二、數自己的呼吸次數，最多二十一次即可。

三、不用壓抑思考，自然地放鬆身心。

當你覺得累了、想找回專注力時，請務必一試。

每當我感到專注力低落，就是用這三個好用祕訣找回我的注意力，用全新的狀態，重新面對學習和工作的挑戰。

回復專注力的三個祕訣

祕訣①

三十分鐘以下的短暫睡眠

利用休息時間小憩「十～二十五分鐘」。
午睡前記得來杯咖啡！

祕訣②

用四十二°C的熱水沖澡

四十二℃的熱水比起三十五℃的溫水更能活化學習和記憶力，讓你找回專注力。

祕訣③

冥想（mindfulness）

（1）盤腿坐下，視線朝下，抬頭挺胸。
（2）數自己的呼吸次數，最多二十一次即可。
（3）不用壓抑思考，自然地放鬆身心。

超學習法 36

習慣「做瑜伽」，提升專注力

我在研究如何提高專注力時，邂逅了一本好書，那就是約翰．瑞提與艾瑞克．海格曼合著的《運動改造大腦：活化憂鬱腦、預防失智腦，IQ和EQ大進步的關鍵》（*Spark : The Revolutionary New Science of Exercise and the Brain*），這本書引用了詳盡的論文和數據資料告訴我們：該怎麼做，才能提升大腦機能的極限。

這些實驗內容包含了專注力與飲食、冥想等的關係，**各式各樣的實驗都指出一個結論：想要維持專注力，最有效的方法就是「動動身體」**。

得知這項事實後，我火速做了各種測試，其中包含了重訓、慢跑、高爾夫、游泳等。我想進一步了解這些運動和專注力之間的關聯性，最後得到的最佳方案是「做瑜伽」。

這雖然只是我的個人經驗分享，但我認為瑜伽有諸多益處。**其中最大的好處，就是在哪裡都可以練。**

早上醒來馬上能練，而且不會占用太多時間、不需要任何器材，這對喜歡有建設性地分配時間的我來說，實在太方便了。

這可能跟個人體質有關，像我自己就不太適合晨跑或在晨間重訓，因為精神會太嗨，結果一下子就把能量耗盡，差不多快到中午就累了。

也就是說，以我自己的情形，晨跑和重訓反而會磨耗專注力。

當然，我相信也有許多人是「早上晨跑，神清氣爽一整天」，這跟個人體質有很大的關係，找出適合自己的運動比較重要。

而瑜伽的另一個好處是，讓我有時間與內心對話。

在一日之始好好面對自己的心，再來制定當日的預定目標。瑜伽讓你有時間沉澱思緒，對當日的預定做出良好的調整。

此外，養成瑜伽的習慣還有**「柔軟度變好」、「不容易累」、「一覺好眠」等附加功效，有益身心健康。**

●科學實驗認證的瑜伽功效

科學實驗已證實，**瑜伽有「延年益壽」、「活化端粒（Telomere，位於DNA的兩端，與防止老化有關，有「生命回數票」之別稱）」**的功效。

加州大學針對「冥想」與「端粒酶（合成端粒的酵素）的增減」進行了實驗，想解開其中的奧妙。

實驗邀請二十三位受試者，持續兩個月，每天做十二分鐘的「柯爾騰·克里亞」（kirtan kriya），這是眾多瑜伽流派的源流「昆達里尼瑜伽」當中最具代表性的冥想方式。

結果證實了這些人的端粒酶「平均增加了百分之四十三」。

改變的不只是數據結果，受試者紛紛表示：

「感覺世界煥然一新，多虧了冥想，我變得很好入睡，每天心平氣和。冥想真的一試見效，它讓我專注在自己應該做的事情上。」

這個實驗成果甚至超出了實驗發起人——精神科醫師兼加州大學洛杉磯分校的羅伯特博士原先的推想，他是這樣說的：

「我很訝異會得到這樣的實驗結果。人體在感受到壓力時，交感神經會發生作用，使身體變得僵硬緊繃；反之亦然，我們可以透過放鬆，降低副交感神經的作用。由此可推測，冥想使兩種神經達到良好的平衡，並有助於端粒酶的生成。」

如此這般，連科學都證實了瑜伽能放鬆身心，使人維持平衡狀態。

自從知道了這件事情之後，每當我需要大量寫稿、準備講座時，早上起來都會先做瑜伽，然後利用上午集中工作二～三小時；下午再做一次瑜伽重置身心狀態，接下來又能專注衝刺。

換句話說，**一天做兩次瑜伽，就能創造兩次的專注力高峰。**

現在只要上YouTube搜尋「瑜伽」，就能找到很多教學影片。

裡面有適合初學者的影片，也有適合高階者的影片，請根據需求進行挑選。

瑜伽是唯一一個「即使很久沒運動，也能放心從事」的運動項目。只須在地上鋪上瑜伽墊，不需要其他器材、不限男女老幼都能做。

除了放鬆身心，瑜伽對於「提升專注力」也有相當的功效，一定可以幫助你更妥善地運用時間。

簡單介紹「流動瑜伽」（註3）

連續動作！

推薦動作：「下犬式」&「英雄式一」

①先採四足跪姿。

②雙手撐地，一邊吐氣，一邊抬高臀部。

「下犬式」動作

③兩腿前後展開，形成弓步，右腳膝蓋彎曲成九十度，左腿伸直。

④雙臂往上伸直，掌心相對，同時挺起上半身。

註3——阿斯坦加瑜珈的分支，又稱作Vinyasa Yoga、Vinyasa Flow。Flow的意思是流動、流暢，而Vinyasa 的意思是串聯，這是一套著重「動作搭配呼吸」的瑜伽流派。

超學習法 37

愛上全世界的菁英都在做的「冥想」

練瑜伽的時候，千萬不能忘了冥想。

如果在五年前、十年前提到「冥想」，很可能引來眾人側目：「這個人腦袋沒問題嗎？」、「該不會是什麼奇怪宗教吧？」

時至今日，冥想早已蔚為現代人的潮流。

尤其是一流人士——許多大老闆、大企業家都在做冥想。可想而知，各式各樣的研究數據早已證實了冥想的功效。聽說矽谷的「谷歌」、「臉書」、「蘋果」等多家大公司，甚至替員工準備了冥想專用房。

●冥想的科學實證效果

現在，冥想已獲得科學認證，為人所知的健康功效有「成績變好」、「專注力提升」、「減輕壓力」等。

德國開姆尼茨工業大學做了一個由一千一百三十四名受試者參與的二十一項研究，其中的獨立整合分析（meta-analysis，將多個研究結果整合在一起的統計方法，並且重新分析學術研究得到的見解）指出，**冥想可以降低負面情緒、特質性焦慮及身心症，與自我實現大有關係，具有比其他醫療技術更強大且有意義的治癒效果。**

我每天早上做完瑜伽，會接著冥想十五分鐘。

用比喻來說，**瑜伽和冥想就像手足關係，只做其中一種也能帶來效果，但一起做效果加倍。**

冥想通常會搭配引導用的「冥想音樂」來進行（有賣CD，上YouTube也能找到音樂檔）。

有練瑜伽的人應該知道，在最後的部分，瑜伽老師通常會做以下引導：「請輕輕閉上眼睛」、「在心裡想著〇〇」、「專心想著值得感謝的事情」等。

自己在做的時候，也可以播放冥想音樂或喜歡的曲子，一邊沉澱心靈，一邊進行冥想。

可以先在早晨做一次瑜伽和冥想，等下午專注力開始下降時再做一次。如此一來，就能讓腦袋煥然一新，用嶄新的心情全力迎接下午的挑戰。

薰衣草、天竺葵、伊蘭的芳香精油具有放鬆功效，搭配使用，效果更佳，請務必一試。

超學習法38

專注力大躍進的「睡眠」技巧

想要提升專注力與學習效率，千萬不能忘了睡眠的重要。

許多人習慣犧牲睡眠來換取工作或是讀書的時間，從專注力的角度來看，這麼做並不理想。有一個詞叫「短時睡眠者」（short sleeper），即便如此，我們仍不應忽視短時睡眠可能引發的健康風險（有個人差異）。

●睡眠不足將危害健康

免疫學已經證實，睡眠不足將危害健康。

首先是免疫力下滑。

根據以女性為對象，一共多達五萬六千九百五十三人的調查結果，**睡眠時數低於五小時以下的人，比起睡眠時數八小時左右的人，罹患肺炎的機率高出了一．三九倍。**

人體會因為運動和活動而疲勞，使細胞受到損傷，而睡眠時分泌的生長激素會修復細胞。因此，**若是睡眠不足，生長激素就會不夠用來修復細胞，導致人體迅速老化。不僅如此，脂肪和糖的代謝率也會變差，交感神經持續緊張，導致血壓上升。**

事實上，研究報告也指出，睡眠時數不滿六小時的人，罹患肥胖、糖尿病、心臟病的機率也較高。

此外，也影響到憂鬱症、意外事故及自殺的發生機率。

自治醫科大學針對四千四百一十九名日本男性做了研究調查，發現**睡眠時數低於六小時的人，死亡率比起睡滿七～八小時的人，高出了二·四倍。**

有鑑於此，無論我再怎麼忙，每天一定睡滿七·五～八·五個小時。

我自己有穿戴「智慧戒指」（Oura Ring）檢測睡眠品質的習慣，發現睡滿八小時、不達九小時的情況下，睡眠品質和數值結果最好（當然也有個人差異，有興趣的人請自行上網搜尋「智慧戒指」，挑選適合你的裝置）。

在我常常需要到國外出差的期間，還會使用睡眠管理ＡＰＰ（Sleep Cycle）來做補強，它最主要的功能有：協助安穩起床、安穩入睡、增進睡眠品質等項目。

除此之外，最近還出了可在睡眠中錄音、錄影，檢測打呼、翻身的狀況頻率，並且測量心跳數的ＡＰＰ。

多加活用這些ＡＰＰ，你就能詳細掌握自己的睡眠週期和睡眠狀況，藉此做出更加舒適的調整。

當然，我們難免會遇到「今天就是翻來覆去睡不著」、「睡了好久還是好睏」的情形。原因有很多種，可能是因為煩惱、緊張、壓力或是太過興奮造成，每個人都會遇到失眠的日子。

不過，人體其實意外地單純。

我們可能因為「擔心今天睡不著」，而讓自己真的變得睡不著。

因此，請心裡認為「我最近都很淺眠」、「最近都睡得腰瘦背痛」的人，試試看以下方法。

促進良好睡眠的六個訣竅

一、睡前一小時不看螢幕。

這邊的螢幕包含了手機、電腦、電視螢幕，請在睡前一小時遠離3C產品。

無論內容是什麼，從螢幕接收資訊都會刺激大腦。

所以，不妨把所有電源都切掉，好好讓大腦休息吧。

為了落實這個目標，每天我都會控制在睡前兩小時結束工作。

換句話說，打造良好的睡眠環境，要從睡前兩小時開始做起。如果想在睡前看書，請挑紙本書或Kindle等電子墨水做成的電子閱讀器。

二、睡前十二小時，不攝取咖啡因。

舉例來說，假設你想在晚上十二點睡覺，請在中午十二點過後，盡量減少咖啡因的攝取量（咖啡、紅茶、綠茶都包含在內）。

咖啡因攝取過多會妨礙睡眠，引發健康問題。請以不含咖啡因的白開水或花草茶取而代之。

三、助眠用的花草茶。

裡面我最推薦洋甘菊花茶。

洋甘菊花茶可以幫助睡眠。少喝咖啡、紅茶或酒精飲料，改喝洋甘菊等具有放鬆功效的花草茶，來達到助眠效果吧。

四、善用保健食品。

現代人普遍都有「鎂攝取不足」導致睡不好的問題。

請試試看最多四百毫克的鎂保健膠囊，不要攝取過量，否則可能會拉肚子（腸躁或是軟便等），適得其反。想要提高睡眠品質，鎂是最需要補充的礦物質。

其次要補充的是「GABA」（γ-胺基丁酸）。

這是大腦內能放鬆神經的一種物質，請從五百毫克的攝取量開始，特別推薦在工作量和壓力較大的白天服用。我也會在特別繁忙的白天服用，但基本上還是最推薦在放鬆的夜間服用。

此外，攝取好的脂肪也很重要。

我推薦在睡前攝取一大茶匙的膠原蛋白，或是一小茶匙的MCT油（中鏈三酸甘油脂），因為人體需要適量補充能量，才能進入深層、安穩的睡眠，而脂肪就是最適合人體的能量來源，所以，我習慣在睡前補充少許脂肪。

另外，我也推薦「CBD（大麻二酚）油」。

研究已證實，CBD可以合成有「快樂賀爾蒙」之稱的血清素。血清素能抑制焦慮、穩定情緒。促進血清素的合成，也和焦慮及憂鬱症的治療有關。

強化血清素的作用，可以帶來放鬆安寧的效果。而CBD給予的放鬆功效，能大幅改善睡眠品質。

研究報告也指出，人的睡眠與CBD有關。

根據二〇一九年的醫學報告，因為焦慮導致失眠症的七十二名成年人，在服用CBD處方之後，其中有百分之六十七的人，在一個月內改善了睡眠問題。

五、使用沐浴鹽。

在此特別推薦天然礦物鹽「Epsom Salt鎂鹽」。

健康生活專家也提到，Epsom Salt鎂鹽當中的鎂，可以透過肌膚吸收。沐浴鹽的權威專家——巴蒂．拉吉普特博士表示，沐浴鹽可以舒緩因為疲勞而緊繃的肌肉並緩解疼痛，幫助放鬆，提升睡眠品質。

六、使用芳香精油。

健康生活專家——彼得·艾瑞克山卓威奇指出，睡前點香莢蘭、玫瑰、茉莉花、薰衣草的芳香精油，有助於鎮定情緒，進入良好的睡眠狀態。

想要擁有高品質的學習成果，健康管理萬萬不能少。無論你多麼有心向學，身體出了問題都是白搭。

因此，一定要注重三餐營養均衡與良好的睡眠品質。

睡眠不足的風險及一覺好眠的六個訣竅

⚠ 睡眠不足將危害健康 ⚠

①免疫力下滑
②加速老化
③血壓上升
④憂鬱症、意外事故、自殺風險增加

「我最近都很淺眠」、「最近都睡得腰痠背痛」的人，請試試以下方法！

⬇

①睡前一小時不看螢幕
②睡前十二小時，不攝取咖啡因
③助眠用的花草茶
④善用保健食品
⑤使用沐浴鹽
⑥使用芳香精油

超學習法39

拉高專注力的晨間計畫

提升專注力一定要做的一件事，就是晨間散步。

人類與生俱來便擁有「生理時鐘」，規律的生理時鐘關係著我們的健康，而健康的身體又關係著大腦的運作。

早晨曬太陽可以啟動體內的生理時鐘，打造良好的生活節奏。原理就是，太陽光會抑制褪黑激素（睡眠賀爾蒙）分泌，幫助我們醒腦。

人體會在曬太陽後的十二小時，開始分泌褪黑激素，由此可推出，倘若早上

七點起床，九點散步，將在十二小時的晚上九點左右開始變得想睡覺。

簡單來說，早晨沐浴陽光，可以校準我們體內的生理時鐘。

因此，當你遇到生活規律亂掉、作息不正的時候，不妨從最簡單的「早上準時曬太陽」著手，輕鬆有效地重置生理時鐘。

不需要特地出門散步，哪怕只是利用早晨的二十分鐘去院子裡澆花、晾曬衣物，就能校準生理時鐘，一口氣提升專注力。

● 矽谷生物駭客最愛喝的防彈咖啡

想要獲得專注力，我對於早餐也特別講究。

不過，早餐我只喝飲料。

說起來，人們每天光是思考「早餐要吃什麼」就耗費了無謂的能量，所以說到早餐，我一定毫不猶豫地選咖啡或抹茶。

然後，我會在飲料裡加上堪稱「油中之王」的MCT油、有「奇蹟奶油」別稱的酥油，以及聽說對大腦很好的椰子油。

之所以加入MCT油、酥油和椰子油，是因為我們的大腦有六～八成是由脂肪構成。因此，早上起床立刻吸收油脂，可有效促進大腦機能。

將MCT油和酥油用小的攪拌器攪碎，直接倒入咖啡杯裡，拌勻即可。也可使用小型攪拌棒拌勻，節省清洗的時間。

我把這種健康飲品稱作「生物駭客咖啡」或「生物駭客抹茶」。（註4）

咖啡因具有醒腦、提升專注力的功效。因此，我習慣在早晨起床、散完步的一小時之後，來杯油脂咖啡當早餐。

早餐只喝飲料還有一個原因。

發揮人體最強機能的其中一項條件，就是間歇性斷食。

近年颳起了一股空前絕後的斷食法風潮。斷食可強化腸胃機能、活化自噬（細胞分解蛋白質作為營養源、回收再利用的機制）及血液循環，達到促進新陳代謝的健康功效。

我習慣每天中午十二點吃午餐，直到晚上八點才吃晚餐，平均一天斷食十六個小時。

想要改善專注力的人，請務必試試這套晨間計畫。

註4：台灣習慣稱作「防彈咖啡」（Bulletproof Coffee）。

我們有義務免費提供國際級的教育水準給所有需要的人。

——薩爾曼・可汗（Salman Amin Khan，世界最大線上教育公司「可汗學院」創始人）

第五章

善用「線上教學」加速學習

網路可以拓寬你的視野，
讓你無遠弗屆地與世界接軌。
活在網路時代，
我們應該多多了解網路特性，
將之謹慎而深入地納入生活裡。

超學習法40

充分發揮線上教學的優勢

現在無論是工作、開會或是呼朋引伴吃吃喝喝，都會使用Zoom、Slack或Chatwork等線上會議軟體，可說是一個相當方便的時代。

在學習領域，網路也逐漸出現了不可取代性。

只限線上參加的課程講座不斷增加，背後可見大眾對於線上形式的期待。

我剛創業的時候，網路上幾乎找不到心理學或行銷學的線上資源教材，實際前往講座會場聽課仍是主流。

但是，走在現代，線上教學才是趨勢。不管你是主辦方還是參與方，都需要接納新的價值觀，因應學習和商業競爭上的需求。

線上教學的三大優勢

網路教學具有三大優勢：

一、隨時隨地都能學

換作幾年前，我們還會碰上「想上課卻去不了，只能乾瞪眼」的情形，例如：

「這要去澳洲才能學。」

「這要去美國當地上課才行。」

從前，你可能必須放棄；現在，你甚至不用出國，只須輕輕鬆鬆地坐在家裡或咖啡廳裡，就能同步學到時下最熱門的世界趨勢課程。

這表示，我們不再受限於空間場地，可以在家同步學習。

這麼做不但省下了前往當地的交通費和住宿費，主辦方也不用額外花錢租借會議室和場地。

更重要的是，省下了太多時間。

從前常聽說偏鄉人士每週花費三小時的往返時間，只為了去城市上課；現在有線上課程提供選擇，只要在家，有電腦、有網路就能輕鬆上課。

這簡直是劃時代的新革命，網路的便利性實在太重要了。

具體來說，我們可以在「Udemy」、「Street Academy」等線上課程的串流平台選擇自己感興趣的課程，也可自行報名不同公司各自推出的線上課程。

如果你還是學生，或是家中有在學兒童，我推薦使用非營利組織「可汗學院」（Khan Academy）推出的免費線上課程，讓任何家庭環境的孩子，都有平等接受教育的機會。

二、按照自己的步調學

出社會的成年人想要進修，能否騰出時間上課將成為關鍵。忙碌的上班族也想利用週末好好陪伴家人，如果可以選擇，「好想利用通勤時間上課」；疲憊的家庭主婦只能趁「小孩去學校的期間進修」；就連學生也常常只能在「週末和深夜騰出時間」。

線上課程能夠滿足所有人的需求。

你可以挑選自己方便收看的直播課程，也可以選擇離線課程，配合自己的需求，活用時間。

能夠自由地安排學習計畫，更容易實現專注有效率的學習目標。「在想學時自由地學」，也是自主進修的基礎動力。

三、想復習就復習

你是否曾在傳統課程上遇到「老師講課時，我光抄筆記就來不及」、「被前面同學的舉動影響，無法專心上課」等慘痛經驗呢？

在一對多的教室裡面，我們難免處於被動狀態，也難免被旁人及視線干擾。這是日本教育的一大缺點，導致我們容易學不專精。

而線上課程的好處是能不斷反覆觀看，在想復習時盡情地復習。

如同前面章節所提到的，大腦要記住內容，萬萬不能少了復習。只有線上課程能做到「不限次數地重播復習」。

研究指出，線上課程效果更好

不僅如此，國際斯坦福研究所（SRI International，之後簡稱ＳＲＩ）更在二〇〇九年和二〇一三年，分別提出了令人感興趣的綜合分析報告。

ＳＲＩ統整了一九九六年到二〇〇八年七月之間公開的科學研究成果，證實了線上教學的成效。

結果顯示，**整體使用線上教學的學習成果，已超出了純面對面教學的學習成果。**

線上教學的三大優勢

1. 隨時隨地都能學
2. 按照自己的步調學
3. 想復習就復習

不只這樣！

復習是
大腦吸收的
重要關鍵！

研究證實，線上教學的學習效果，
已經超越了面對面教學！

安排學生之間的團體作業。

記得幫學生安排交流活動，就算是離線或是非同步交流，也能增強學習吸收率！

而「面對面與線上教學混用」，效果是最好的。

SRI做出了以下推測：線上與非線上教學並行，可增添教學內容的多樣性，讓學生在課程中接收到更多資訊，因而創造出更高的學習回饋。

除此之外，SRI也針對「如何設計高效線上課程」提出建議。

舉例來說，線上課程中是否安排了「學生的團體作業」，對於學習成效有著劇烈影響。由此可見，學生的個人作業並不是重點，重要的是學生之間是否相互作用。

學生之間的相互作用，用其他方式安排一樣有效。

在研習期間安插學生的交流互動，即便是離線教學，或是學生在研習前、研習後的不同時間發生交流，一樣能提高學習吸收率。

這樣看下來，線上教學只有好處沒有壞處。請多多善用線上課程，拓展你感興趣的學習領域吧。

超學習法41

活用網路社群，交換學習心得

現在是一個人人都在瘋社群的時代。

拜網路的便利所賜，現代人可以輕鬆上網，結交志同道合的夥伴。

想學健康新知，網路上有很多健康同好社群可以加；如果你有崇拜的名人偶像，更能輕鬆找到一大堆粉絲後援會。

想法相近的人，就是你「臭氣相投的好夥伴」。

和這些人一起打拚學習，既單純又愉快。

愉快的心情是維持動能的重要因素，讓你有鬥志迎向挑戰。

●活用線上沙龍

線上沙龍（註5）這幾年會在日本爆紅，不正是因為人們需要志同道合的夥伴一起學習、創造、在工作以外的場域找到自己的存在價值嗎？

無論你住在哪，都能與全國各地的夥伴用線上群組聊天。而線上社群的交流功能還在持續進化。

另外還有我在第三章所提到的，一人獨學不如多人共學，才能互相激勵，一同成長。

和擁有相同志趣的夥伴聚在一起，可以強制打造學習環境，心裡也會產生正面想法：「因為有他在，我才能繼續加油。」、「我也要多努力啊！」藉此維持學習動力。

上一節提到的SRI也用研究成果證實了線上教學的功效，以及團體共學的重要性。

線上社群的好處是，有不懂之處可以立刻問人，也能反過來回答別人。這種即時性的交流互動，是線上社群才有的優勢。

註5：一種線上付費會員制的粉絲俱樂部。

超學習法 42

善用學習金字塔參加「讀書營」，大幅提升學習成效

美國國家訓練實驗室經過一系列的研究，將學習方法與吸收記憶的比例關係，繪製成簡單好懂的「學習金字塔」。

無論是學校授課還是企業培訓，都會透過講習、實作、討論等多方面進行指導。研究指出，在有限的時間內使用高效率的學習方法，最能輕鬆無礙地吸收內容。

倘若你正為了怎麼學也學不好而苦惱，請重新檢視學習方法，說不定就能得到完全不一樣的結果。

其中**特別有效的方法有「教導別人」，以及實際運用雙手及身體去體驗的「實作演練」**。親自前往現場探勘考究的「田野調查」也屬這一環。

至於國文、數學等科目，由於沒有技術項目，需要運用大腦記憶，這時候，可以透過手寫、朗讀、做考題等方式累積經驗，增進記憶力。

從這個角度來看，參與線上社群或線上沙龍，積極透過網聚與成員交流，能有效提升學習效果。

● 與夥伴吃喝談天，放鬆交流吧

腦神經外科醫師兼加州理工學院的烏利．魯提薩澤（Ueli Rutishauser）博士提到，大腦迴路的層級效果，與人類行動所引發的效果有直接相關。

博士表示，**人在放鬆時產生的腦波「θ波」有助於學習記憶，並強化大腦同步吸收。**

加州理工學院的神經生物學家艾琳．舒曼（Erin M. Schuman）驗證了上述研

學習金字塔

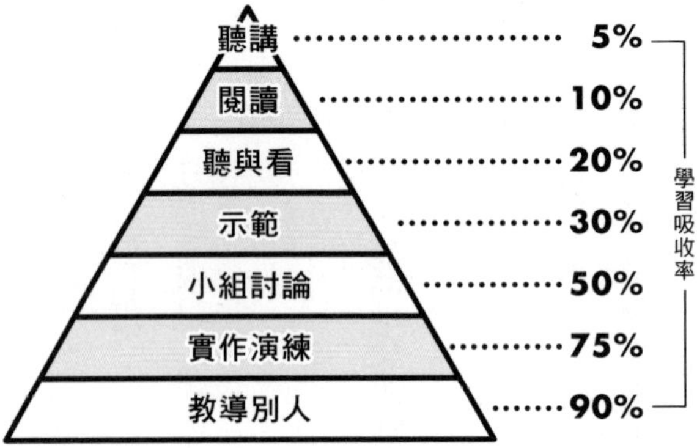

究成果，表示：「只要讓大腦保持在最放鬆舒適的狀態，就能改善記憶力。」

簡單來說，就是「放鬆的大腦比較容易吸收新知」的意思。

因此，活用線上沙龍及線上課程充實自我固然重要，但也別忘了適時放鬆休息，與你的學習夥伴一同吃喝聊天、運動出遊，學習效率會更好。

超學習法 43

挑選自己喜歡的線上課程老師

學生時期，你有沒有過以下想法呢：

「我本來很討厭數學，但是因為數學老師很幽默，我才變得喜歡數學。」

「我會這麼努力念書，是因為我很喜歡這位老師，希望他能認同我。」

「喜歡」和「快樂」的心情，就是你努力的原動力。

因此，當你想要學東西時，一定要先找到一位你欣賞的老師，如此一來，學會的機會就會大大提高。

你可能會想：「問題是，這位老師要怎麼找呢？」

這個問題的答案，我認為藏在書裡面。

愛看書的人，基本上都熱愛學習。

所以，**捷徑就是從你想學的領域的書籍下手，找到一位你欣賞的作者，把他設定為你喜愛的老師。**

別忘了，書是許多人付出時間心血集結而成的知識寶庫。

一本書的誕生，中間有作者、編輯、寫手、校對、行銷等各界好手的共同努力才能付梓出版。因此，書的可信度往往高出其他所有媒體平台。

再說，書要出版，還得仰賴作者實際在社會上擁有的成績、地位、人脈、粉絲數量。換句話說，因為有許多人對內容掛保證，書才有機會問世。

因此，值得信賴的好老師，有很高的機率能在書裡找到。

不難猜想，讀著本書的你，一定多少對「學習」有興趣，是個愛看書、上進心強的人。

我想，你應該有過「這本書改變了我的人生」、「讀完之後眼界大開」的閱讀體驗吧？我也受惠於某些書帶給我的啟發，是那些書改變了我的人生。

當你因為一本書深受感動，進而改變了你的內在價值觀，表示你因為這位作者而受益匪淺。

●利用網路社群檢視作者的為人

不過，這邊還有一個盲點必須留意：**不實際會會作者本人，你怎麼知道他是怎樣的人？**

像我也曾經被說：「本人和書中給我的印象不太一樣呢。」有些人先讀了我的著作才來參加我的講座，跟我提到：「書裡感覺像個熱血漢子，想不到本人這麼含蓄。」（笑）

如果實際見過本人後印象良好，那就不必擔心；問題是，我們難免會遇到印象不符實情的狀況，所以不能全憑一本書的感覺來決定。

這時候，網路社群就很好用。

去看看那位令你感動的作者本人的社群帳號吧。臉書、IG、推特都是確認作者私下面貌的好管道。

裡面我最推薦YouTube頻道。

現在各行各業的名人專家，甚至連傳統影視藝人都紛紛進軍YouTube。除了個人宣傳，企業及各大社群也用YouTube頻道作為提供內容的平台。

YouTube最大的好處是，可以看到本人的影片。

有些在電視上表現強勢的人，在自己的YouTube頻道上意外地隨和沒架子；有些寫出艱澀論述的作家，本人說話意外地平易近人。這些都是看影片才能知道的真實資訊。

如果你現在有一個「想要學習仿效的對象」，你要做的第一件事，就是看看他有沒有開YouTube頻道。

透過影片，你可以窺見一個人的真實性格、思考方式、生活態度等。如果看了之後，你還是覺得很欣賞他，這個人才是你在「人物典範」上的真命天子。

舉例來說，你可能看了影片才驚覺某某減肥書的暢銷作家「其實很胖」、某某宣揚「不花錢也能過得很幸福」的作者其實開著高級跑車、一身名牌……這些事情，都有可能發生。

所以，當你有了理想導師的候補人選，記得先檢視他們的社群帳號，確認他的真實情形。透過影片了解作者的真面目，也是網路時代才有的優勢。

超學習法44

「導師」和「教練」各司其職

再怎麼優秀的企業人才，都需要教練和導師帶領。

以「矽谷教練」聞名全球的軟體公司「Intuit」前執行長比爾．坎貝爾，就是蘋果創始人史蒂夫．賈伯斯及亞馬遜創始人傑夫．貝佐斯等多位CEO所敬愛的最佳顧問。

比爾擁有他在科技產業所看見的先知洞見，以及鼓舞團隊士氣的優良特質，也指導過以谷歌為首的多位知名企業大老闆。

連貝佐斯和賈伯斯都知道學無止境，看來無論是多麼出類拔萃的大老闆，都需要別人給予領導建議，聘請專屬於自己的「教練」，更何況是我們呢？

先從模仿入門

我在序章提過「模仿學習」，這是很重要的概念。當你找到一位「好想當他的學生」、「好想變得跟他一樣」的理想典範時，先從模仿開始吧。

具體的做法是，實際去他常去的餐廳吃飯、去他喜歡的地方走走、看看他喜歡的電影和書籍，一邊想像：

「他都是以怎樣的心情待在這家店的呢？」

「他在讀這本書的時候，心裡想到了什麼呢？」

「他在看完這部電影後，會說出什麼心得呢？」

當你開始能夠想像「他會這麼做！」，表示你離心中的理想越來越近了。

生活態度、閱讀喜好……這些資訊上網查一下就有了，這也是網路時代才有的便利之處。

此外，倘若對方有辦讀書營，務必把握機會參加。

美國管理大師肯．布蘭查在他的著作《一分鐘經理》（*The One Minute Manager*）中提到：「與一個人旅行三、四天，就能看清他的本質。」意思是說，和一個人一起吃飯、一起行動，就會變得很了解他。

長時間的相處讓你有機會實際接觸典範，迅速分析、摸透他的行為。不要放過這種大好機會，大方地報名參加，然後盡可能地從偶像身上學東西吧。

從「微前輩」身上學得更快

你的導師不應該設定性別。

女性能以男性為榜樣，男性也能以女性為榜樣。想要學習的心情，是不分男女老幼的。

只是，假設二十代的女性以五十代的男性為榜樣，結婚生子的環節恐怕就無法透過這位男性榜樣來取經。

但是，倘若找一位「育兒和事業皆有成的女性」為榜樣，就有較高的機會能藉由完全模仿來讓自己迅速成長。

從這個角度來看，最適合的人選仍是「與自己同性，且比自己稍稍前進一點的微前輩」。

來自相同環境，且比你早一步獲取成功的人，是你最能即時模仿的優秀典範，成功的機率也相對提高。

總結上述原因，我認為由「站在自己延長線前方」的人來當導師，是最快、最容易實現的成功捷徑。

延續剛剛提到的例子，**二十代的女性可以挑一位「育兒和事業皆有成的女性企業家」當作「教練」，同時挑選崇敬的五十代男性作為「導師」**，配合自身的需求狀況，讓「教練和導師各司其職」。

如此一來，就能學到為你量身打造的成功啟示。有了這些作為踏板，就能快速為你實現夢想。

●「導師」是提供藍圖的心靈導師，「教練」是具體指導者

我在二十一歲去紐約留學時，遇到了我人生的心靈導師。是他讓我找到「成為世界演講家」的遠大夢想，直到現在，他依然是我人生中的重要導師。

除了這位導師，我也因為邂逅了許許多多的「教練」，透過實際跟著他們學經驗，才有現在的我。

我會察覺「導師」與「教練」需要分開，起因於某次我因為事業而煩惱，尋求一位前輩企業家給予建議之時。

那位前輩非常具體地告訴我：「既然這樣，下一步先試試○○吧。」、「先把現在在做的○○改成××看看狀況？」給了我相當明確的策略指導。

他的建議十分具體而受用，我也因為照著他所說的去做，才擁有後來的事業成績。

因此，「導師」比較像是給予夢想遠景的人，「教練」則是依照現況進行指

導的人。

藉由教練的指導，你會一步步累積成功體驗，最終將登上導師身處的高度位置。

教練指導的科學效果

這邊也補充一下教練指導效果的學術依據。

根據「LS Green, LG Oades and AM Grant, 2006」的調查，研究人員針對二十八名受試者進行了為期十週的教練指導，結果發現以下三個項目跟未經指導的對照組相比，數值大幅上升，分別是：

一、達成目標的努力度。

二、達成目標的信心度。

三、幸福度。

不僅如此，**良好的數值結果，在指導結束後的三十週，依然持續。**

在教練指導的定義為「答案和手法並非由教練所給予，而是受試者（潛在）擁有」的前提之下，教練不會直接給予建議，而是用提問的方式，引導受試者自行思考、自行判斷。因此也可以說，這麼做的用意是在幫助受試者相信自己的決策力。

如果你想比任何人都早一步達成目標、實現夢想，**就要借助可靠教練與心靈導師的力量，幫助你踏踏實實地朝目標邁進，快速驗收成果。**

如果你想盡快感受到學習成效，在學習的過程收到回饋，聘請你的專屬教練和人生導師會是一條捷徑。

超學習法45

線上教學適用於通用技術，傳統教學適用於個人技術

身為一位經營者，我常常一邊舉辦學習講座，一邊進行新書活動，工作觸及的範圍很廣，因此，我認為接下來的時代重點將會是線上活動與傳統活動並行。**我們要做的不是「全改線上」或「延續傳統」，唯有兩者搭配使用，才能發揮最大效益。**

線上會議已經是商業人士的工作常態了，現在就連求職面試、舉辦競賽和甄選會都用線上方式進行。

這麼做也有缺點，就是難以實際掌握對方的性格人品。

這是很合理的質疑，因為我們的社會需要由健全的人際關係所組成。

像我自己的公司就有數十名員工，我們平時都會見到彼此，因為「熟悉彼此」，舉行線上會議時才能保有「真實感」。

為了實際掌握情形，我規定所有員工每週一定要實際見面開一次會。

這麼做是為了確認「有沒有哪裡出問題」、「工作幹勁有沒有跑掉」。

當然，我們常用臉書群組或通訊軟體報告工作細節，但很多事情不實際見面是不會知道的。

換句話說，越重要的工作夥伴，越需要透過實際見面保持溝通常態。

同樣的道理也可套用在學習領域，唯有靈活運用兩種學習模式，才能學得專精到味。

線上教學與傳統教學如何拿捏平衡？

話雖如此，我們也不能眼睜睜地看著線上教學的各項優點，卻不去活用它。

這邊特別針對學習領域進行說明，教你如何靈活區分線上及傳統教學。

首先，**應該直接見面學習而非使用線上教學的有「人生觀」、「說話方式」、「思考方式」、「價值觀」等；如果是技術層面，也請向本人討教「因為是他，我才想學的個人特質」。**

這些東西還是透過和本人接觸學習會比較好。

因為，一個人所擁有的獨特魅力、氣質、熱忱等難以用言語形容的特質，還是需要實際見面感受才行。

相對地，**像是「寫程式」、「影片剪輯」、「網路行銷」等通用性高的技能，或是早已確立一套系統的知識情報，我就推薦使用網路教學。**

通用性高，表示誰來教都差不多，甚至用線上教學更方便。

活在ＩＴ時代，我們若想不落人後，就要同時善用網路教學和傳統教學的兩項優勢，創造最大的學習效率。

超學習法46

「學習」和「實行」兩者合一

很多人常陷入錯誤迷思，以為「應該等全部學完再來實行」。

我用為期六個月、全十堂課的技術認證課程來舉例吧。嚴肅的日本人常常會犯以下通病，認為：「課還沒上完就去教人，未免操之過急。」、「我才剛學一點皮毛，沒有自信。」、「等課全部上完，我都摸透以後再來行動吧。」老實說，這樣太遲了。

因為，唯有一邊學習一邊行動，才能達到輸出效果，讓你學得更快更好。

因此，完全沒必要等全部十堂課上完再來實行。

只要覺得「這個立刻能用」，哪怕只上過一、兩堂課也沒關係，請立刻實際行動。

總之，學了馬上就用，不要拖拖拉拉，氣勢要足。

輸出的方法依照你參加的課程來決定，但不管你今天學的是什麼，一定都有各式各樣的方法可以讓你立刻用用看。

比方說，我去參加健康講座時，在課堂上聽說「這個產品很有效」，我當下就會在網路上下單。

書籍和保健食品都是上網下單，二十四小時內就能到貨的物品。

馬上嘗試課堂上學到的新知，下次上課時就能和老師分享心得，其他人也會對你另眼相看，站在教學立場，沒有什麼比學生立刻親身實踐更開心的事了。

如果老師有推薦店家或推薦的地點，我也會「當下」翻出行程表，把它排進去。

也許之後看到會覺得有點麻煩，但人的惰性終究敵不過強制力，當下訂立計畫，可以幫助我們強制執行。

健身房的體驗活動也是如此，只要當下有一點點興趣，就該立刻報名參加。當日期接近時，你也許會覺得有點後悔，但是既然已經報名了，不去白不去，對吧？

換句話說，我們可以藉由強制排入行程，來達到強制執行計畫。

在職場上也一樣，請養成隨時筆記、當下約好會面時間的好習慣，這樣一來，尊敬的長官有任何交代，你就能即時反應。總而言之，重點請放在「當場行動」。

在日常生活中培養「當場行動」的習慣，就能應變任何不時之需，把握所有學習的機會，讓你快速成長。

善用網路社群，學會即時行動

許多人告訴我，養成立刻行動的習慣真的很難，這時候我會說：「活用網路社群吧。」

我有一位朋友為了「無法早起」相當煩惱，最後他豁出去，去臉書成立了一個叫做「我們一起來早起，一起來過有意義的人生吧」的社團，和社團成員約法三章，所有人每天早上六點都要起來發文。

想不到一試見效，無法早起的壞習慣，一下子就治好了。

這個例子成功的關鍵在於：和擁有相同目標的夥伴，一起制定「每天早上六點一定要起來發文」的硬性規定。

容我再次強調，人的意志力不如你所想像的強大，因此，最簡單有效的方法就是打造「不得不為之」的實行環境。

另一個重點則是「心動不如馬上行動」。任何領域都是如此，學了之後立刻去做的實行者，永遠比總是往後延的拖延者更容易達成目標。

●「拖延」與「成功」的關係

研究拖延與動機的第一人——加拿大卡加利大學商學院教授皮爾斯．史迪爾博士（Dr. Piers Steel）認為，有意識地善用自己的黃金時間（例如你是「晨型人」還是「夜貓子」），將是**克服拖延症、有效做好時間管理的致勝關鍵**。

關於時間管理，較好的解釋應為「運用最好的生理時鐘節奏，迎接最具挑戰性及生產性的工作」。

其中不能缺少的，就是**可確實完成的目標，以及一次解決一個問題的「小小成功」**。

即使如此，拖延依然是許多人的心頭大患。

前美國太空人布萊恩．奧列里（Brian Todd O'Leary）說過：「找出工作與生活的平衡之道，有助於創造更高的產能。」意思是說，**閒暇活動可以成為努力工作的原動力，提升任務處理的效率**。

同時，他也提醒：「拖延可能只是一時的，並不代表一輩子。容易操心的人可以藉此學會放手，已經拖延的人也可藉此避免衝動行事，重新擬定更好的策略。」

現在，我們的手機和網路有許多方便的工具，讓你可以即時行動、學以致用。請善加利用這些工具，幫助你快速圓夢。

一個從未犯錯的人，
是因為他不曾去挑戰。

——阿爾伯特・愛因斯坦（Albert Einstein，一八七九～一九五五）

最終章

透過學習
打造
全新的自己

「追求幸福」、「獲得成長」
是每個人的共同願望。
想要實現願望、實現更高成就的自己，
你能尋求的最快捷徑就是「學習」。

超學習法 47

利用學習獲得新的身分認同

人想要學東西的動機，往往源自於內心「想要成為新的自己」的渴望。但是，得到更新自我的素材沒有其他管道，你唯一能做的就是「學習」。

我至今五花八門地學了這麼多東西，說穿了，也是為了「學成之後，變成更好的自己」。相信拿起本書的你也有一樣的想法。

不僅如此，進修也是獲得新「身分」（identity）的最快捷徑。

identity也有「身分認同」、「本性」、「主體」之意，這邊取用的意思則偏近**「表現出來的樣子」**、**「經歷」**、**「頭銜」**等。

換句話說，你能夠表現出來的東西和舞台越多，越能創造出全新的自己，這將帶領你通往你最嚮往的路。

我從學生時期就特別愛讀企管書和商業書，自己埋頭鑽研了一番，並決定在二十五歲時創業，想要藉此發揮所學。

但是，我很快便發現，當我還在讀大學時，因為身分標籤是「大學生」，只要我自我介紹「我在紐約市立大學念書」，所有人都會因為「我還是學生」，而用溫柔、寬待的方式接近我。

但是，一旦出了社會，就沒那麼好混了。我再也不是處處受到包容的「大學生」了。

不僅如此，剛從美國回來的我，隨即被迫認清自己在日本既無人脈也無後盾，社會經驗是零。但是，我仍義無反顧地選擇了獨自創業。沒錯，我也有過相當煩惱的時期，擔心著：「一個人做沒問題嗎？」、「我真的能貢獻社會嗎？」

隨後，我在與一位經營者見面時，深深學了一課。

當時，我在交換名片時熱情地自我介紹：「我剛創立我的個人事業！」對方不以為然地應道：「個人事業喔，做什麼的？」

不久之前，每當我報上「我是大學生」，都會得到熱切的回應，一踏出社會，世界就變得完全不同。直到此刻我才明白，「頭銜」之於社會人士的重要性。

當然，我不能就此一蹶不振。

我絞盡腦汁，最後靈機一動，**決定從頭銜著手，把「經營個人事業」改成「企業經營者」**。

當時，我確實是「一人企業」的經營者，儘管手下沒有其他員工，但我告訴自己，我就是自己的老闆，並且把對外身分改為「經營者」。

妙的是，當我換上新身分後，很自然地就會開始思考：「經營者該有什麼樣子？」、「經營者會這樣說話嗎？」

然後，我會開始想像理想中的經營者是什麼模樣，並且拿身邊的大老闆們作為參考樣本，讓自己也表現得像個經營者。

調整之後，那些從前一聽我說「個人事業」就想離開的人，開始變得願意聽我說明，我的事業終於漸漸上了軌道。

由此可知，光是改變個人頭銜，就能得到你想要的結果。

我在那一刻深深明白，改變身分認同，會讓你的心態、行為也連帶改變，進而影響旁人看待你的角度。

●決定你是誰，心態和行為也會跟著改變

發現身分的重要性後，我在追求極致健康時，會把自己當作一名「生物駭客」（註6），如此一來，就能不愧對於這個身分，持續強化肉體機能、維持身體健康；除此之外，我也有身為「演講者」的自覺，積極報名各種演講訓練營（說

話課），並開始增加課程講師、企業進修授課等相關工作。

也就是說，你要先明確地知道自己是誰，將心態和行為調整到符合的位置，才能得到你想要的成果。

回頭想想，我去美國留學時，也是因為胸懷壯志「我要成為英語演講家，永遠住在美國」，學習效率才會這麼迅速。

要先具體知道自己追求什麼樣的身分，我們才能去實現目標。

假如你是一位商業人士，工作時的目標是「我遲早會辭職，自行創業」；或是「我遲早會爬上這家公司的頂端，成為這裡的執行長」，你在職場上表現出來的態度也會完全不同。

要先清楚知道自己要的是什麼，才能配合目標，實現計畫。

這和增加身分認同、改變身分認同有著密不可分的關係。

你可以自由決定自己想成為什麼人。

夢想和目標，與你的年齡、經歷無關。人無論活到幾歲，都能鍛鍊肌肉；同樣地，想要什麼身分也與年齡無關，只要立刻開始練，目標唾手可得。

註6：Biohacks 近年在矽谷非常熱門，是指非專業學術領域出身的人士，憑藉自學的生物科學新知及科技利器，來管理自己的生理機能，如同那些能夠破解伺服器防線的電腦駭客。他們運用科學證據「升級」大腦、「強化」肉體、「對抗」焦慮，使自己變得更聰明、更強壯也更有活力。

超學習法48

利用學習改變命運

「改變命運」聽起來像是一個宏大的命題，許多人連試都不試就自己嚇自己：「事到如今，已經太遲了。」、「我的年齡早就來不及了。」

但是，你不正是因為想要有所改變，才拿起這本書嗎？

命運並非彈個手指就能改變。

你必須擬定階段性目標，一步步朝著目標邁進。這些小小的累積，就是改變命運的捷徑。

再者，**實現目標的具體手段就是「學習」**。只要知道學習訣竅，命運的大門自然會為你敞開。

● 釐清「目的地」、「理想的自己」與「做法」

首先，你要釐清以下三個目標：

- **目的地（終點）**
- **選擇哪一道階梯（理想的自己、身分頭銜）**
- **如何往上爬（怎麼學？具體的做法？）**

以我自己的情形來舉例：

- **目的地（終點）↓「成為國際知名演講家」**

●選擇哪一道階梯↓「先學會英語，運用自如」

●如何往上爬↓「去美國留學」

這套初期目標，就是改變命運的契機。

但是，我們在往上爬的階段看不見終點。

因此也難免會擔心：「我應該繼續爬嗎？」

有人會放棄登頂，有人會在中途止步；但是，也有人會一步步地慢慢爬上去，有人則會三級跳地迎向終點。重點在於，偶爾記得停下來審視自己，聽聽別人的意見，看看應該如何調整。

無論你選擇了哪一條路，能夠改變命運的，只有願意相信自己並持續向上爬的努力家。

登頂需要耐心和毅力，所以我們需要鍛鍊體能。

鍛鍊的方式就是「學習」。有沒有養成日常鍛鍊的習慣，將決定你是否能夠順利登頂。

假如你夢想成為一流的程式設計師，就得不斷磨練寫程式的技術，精益求精。假如你夢想成為成功的創業家，就要徹底仿效成功者的創業之路。

請養成良好的習慣，隨時隨地都要讓自己處於最佳的學習狀態。

接著，請每天想像「今天的自己又進化了一些」，並且持續不懈地實踐目標。如此一來，你就能改寫人生。

美國暢銷作家羅伯．葛林（註7）曾經說過這段話：

「在我們的文化裡，智力和思考能力被視為社會地位和成功的象徵。但是，在某個領域登峰造極的人，與單純想把工作做好的人，在諸多感情上的本質是不一樣的。

和企劃力及思考決策力相比，人生成功更需要的是欲望、耐力、韌性、自信等感情。

只要擁有動力和活力，就能克服大多數的事情。容易喜新厭舊或是忐忑不安，精神就會停滯不前，最後只能隨波逐流。」

雖然是老調重彈，但是，願意付出時間努力、隨時保持學習態度、不斷調整自我以及致力於進步成長，才是成功的必要元素。

上天平等賦予了我們每個人平等的時間，現在只要連上網路，就能隨時接收世界上龐大的知識。

不要停止學習，和夥伴一同成長，透過學習追求更美好的人生吧。

註7：Robert Greene，經典代表作有《權力世界的叢林法則：四十八則顛覆傳統的成功祕訣》、《喚醒你心中的大師：偷學48位大師精進的藝術，做個厲害的人》等。

釐清三個目標來改變命運

★1
目的地（終點）

例：成為國際知名演講家。

★2
理想的自己、身分頭銜（選擇哪一道階梯）

例：先學會英語，運用自如。

★3
怎麼學？具體的做法？（如何往上爬）

例：去美國留學。

這些小小的累積，就是改變命運的捷徑！

超學習法 49

待在能讓你進步的環境

一個人無論擁有再堅強的意志力，最終都敵不過環境。

我在前面的章節已經明示：「學習的終極大招就是改變環境。」無論你想學什麼，強制執行力絕對比意志力來得迅速有效。

因此，我們需要的是強制改變環境並且跳下去的勇氣。學而不用是最浪費的事情了。

如同我在第三章所提到的，以學英語為例。

想要找外國人聊天還不簡單？趁週末夜晚去東京鬧區六本木或澀谷的酒吧走一走，馬上能遇到許多外國人。除此之外，現在也有許多在咖啡廳聊天的英語會話課可以利用。

起初，你可能會因為不熟悉環境而坐立難安，請不要放棄，每週都去走走吧，這麼做是為了打造全新的自己。如果單獨去會害怕，可以揪朋友一起去。重點是，你必須主動跳入只能說英語的空間裡，習慣那裡的氣氛。

剛開始你也許會不敢開口，或是詞不達意，都沒關係。**如果你想學好英語，強迫自己待在英語環境是必要之路。**

● 藉由輸出快速升級

還有，不可否認地，一個人能學的相當有限。

我相信徹底單打獨鬥也是一種生存方式，但是站在學習的角度，和人互為師長是必要的過程。

像我自己在主持課程講座時，也會產生一種責任感，認為「今天我要負責教人，所以自己要學得更透徹才行」，必且努力做到精益求精。

將所學教導給別人也是一種輸出方式，優點是可用客觀的角度審視自己。

現在人人都是自媒體，成為教學者不需要門檻。

經營網路社群也好，錄YouTube影片也好，透過技術分享平台與人共享技術也好，或是回到現實生活，帶領公司後輩或家中長輩學習新技能都好。

不斷學習、不斷輸出，是接下來的時代必要的學習方法。

展開學習之前，我們難免懷疑：「我真的能開口說英語嗎？」、「我應該不行吧？」

但是別緊張。和夥伴一起用正確的方法學習進修，你一定會慢慢成長，長成自己想要的樣子。

超學習法50

「學習」就是你的最強武器

從前的偉人和智者並非一生下來就無所不能，**現在你所耳熟能詳的一流人士也不是一開始就這麼厲害。**

無論這些人的成就有多麼偉大，所有人剛開始都和你站在相同的起跑點上，經歷過你擁有的掙扎煩惱，最後一步步地登上自己堅信的路，成就了現今的地位。

你若以為你尊敬的那些師長、大企業家沒有煩惱，那就大錯特錯了。他們一定也有不想上學、不想工作、不想上班的時刻。

消除緊張焦慮的方法只有一個，就是透過學習來鍛鍊心理素質。一流人士之所以比誰都勤於鍛鍊，就是出於這個原因。

「學過的知識」誰也拿不走

綜觀過往的歷史偉人，沒有人不學就能成功。

因為有心向學，才能化為行動力。也就是說，行動即是學習的第一步。

軟銀集團的孫正義先生有一則為人所知的事蹟：他還在讀大學的時候，沒有預約會客就擅自跑去見了日本麥當勞的創始人藤田田先生。

倘若孫正義先生當時沒有跨出這一步，就沒有現今的軟銀集團了。

你已經擁有學習這項最強武器，接下來只差行動力。這將成為改變你人生的轉捩點。

再多的錢都會用光，投資房地產和股票賺了錢也要繳稅，服裝、車子、電腦等身外之物會遺失或者被偷被搶，人際關係和健康若沒有好好維持也會流失。

但是，裝在腦中的知識誰也拿不走，你將一生受用。

拿起本書的你肯定也想「學些東西」、「靠著所學迎向美好人生」。

想要成為全新的自己，你就需要擁有新的武器。

這個武器就是「學習」。

學習就是你的最強武器，學會以後就是你的，沒有人能搶走，它將成為你獨一無二的資產。

結語

想要使人生變得更美好，「超學習法」扮演了關鍵角色。

如果你已經讀到這裡，應該明白原因了吧。

我從事教育演講事業，已經歷經十三個年頭了。

迄今為止，我透過線上或現場教學的方式，傳授了各式各樣的技術給總計超過二十萬名的學生，許多前來聽講的學習夥伴，都陸陸續續使用這套「超學習法」獲得理想的成績，甚至一百八十度扭轉人生，以下都是震撼人心的真實例子：

- **商業人士靠著「超學習法」考出九百分的多益成績，外派國外。**

- **忙碌的主婦靠著「超學習法」，變得能在一週內讀兩本書。**
- **上班族從四十歲起靠著「超學習法」學經營，現在已自立門戶、移居國外。**
- **單親媽媽靠著「超學習法」，成為年收一億圓的超級經營家。**

成功例子多不勝數。

他們為什麼能有這麼亮眼的成績？因為，他們擁有主動學習的明確意識。

本書也在內容當中多次提及**「只是坐在書桌前不是真正的學習」**。積極向前的行動力，才是最重要的學習精神。

換言之，正確的學習法不能只動腦，還要驅動身體，積極行動。

走在學習這條旅途上，你還需要帶上夢想和夥伴。

然而，途中必定會出現阻礙。

「你做不到啦！」

「差不多該放棄了吧？」

你可能會聽見這些耳語。

但是，這些聲音其實來自你內心的恐懼。過去的你，就是最大的敵人。

人總是容易往安逸之處流去。

但別忘了，儘管學東西並不容易，卻是愉快的。

下課後和尊敬的師長請教問題是一件愉快的事情。

和小組裡的成員互相討論、學習不懂的地方是一件愉快的事情。

在成功人士的分享會上接受啟發是一件愉快的事情。

與外國人閒聊是一件愉快的事情。

換上新洋裝出席鋼琴發表會是一件愉快的事情。

獲得想要的知識是一件愉快的事情。

發現自己的可能是一件愉快的事情。

是的，我們千萬不能忘記，學習本身充滿了驚喜。

在連連的驚喜之下，還有全新的自己在等著你呢。
等你進化之後，那些從前不敢想的，將再也不是夢。
你會獲得自信，會獲得幸福，會獲得健康，會獲得更多財產。
只要改變學習方式，人生就有無限可能。
只是換了學習方式，人生就能無限重來。

越是找不到未來方向的人，越需要改變學習方式。
請同時思考：我應該跟誰學習？我想增進什麼技能？我如何用最快的速度學會它？
然後，在實踐的過程裡，你的命運也會逐漸改變，漸漸變成一位教育者，開始有力量去幫助別人挑戰命運。
如今，學習方式已變得豐富多元，你可以從書本當中學到知識，也能善用網路資源自主進修，我深信在現在的時代，「學習與教授是同時進行的」。

一言以蔽之，「人人是學生，人人是老師」，希望這樣的時代已經來臨。

因為，倘若「教授」與「學習」發展為兩個極端，我們的社會階級差距只會繼續擴大。

所以，衷心期盼所有人都盡早學會正確的學習態度。

每個人都在追求幸福、成長、活出自我，並且有力量去幫助別人。

這是所有人都在追求的共同願望。

而實現願望的方式就是不斷學習。

時代瞬息萬變，沒人知道下一波暗潮何時來臨，看似安穩的大企業可能隨時倒閉，沒人知道一年以後會發生什麼事。

正因如此，我們不能停止學習。

身為經營者的你需要擴充新知、與時俱進，才能延續公司的壽命；身為上班族的你也需要學習新技能，才能在時運不濟時順利轉職。

想要實現夢想，學習就太重要了。

在接下來的時代，大學和管理課程將不再是重點，藉由自身興趣發展而成的「超學習法」才是時代指標。

善用「超學習法」的人越來越多，就會有更多人實現夢想。

想要在現代生存下去，請務必針對「學習的意義」思考。

走在人生百歲時代，「超學習法」將使你一生受用、終生成長。

謝謝你讀到這裡。

衷心期盼有一天能與你碰面。

最後，我要將這句話送給你：

「學習是一件愉快的事！」

井口晃

主要參考文獻

- 《快速學習新概念》（*Master It Faster*，暫譯），柯林・羅斯（Colin Rose）著
- 《運動改造大腦：活化憂＝鬱腦、預防失智腦，IQ和EQ大進步的關鍵》（*Spark: The Revolutionary New Science of Exercise and the Brain*），約翰・瑞提（John J. Ratey MD）、艾瑞克・海格曼（Eric Hagerman）合著
- 《心態致勝：全新成功心理學》（*Mindset: The New Psychology of Success*），卡蘿・杜維克（Carol S. Dweck）著
- 《恆毅力：人生成功的究極能力》（*Grit: The Power of Passion and Perseverance*），安琪拉・達克沃斯（Angela Duckworth）著

- 《不幹的決心》（やらない決意，暫譯），井口晃著
- 《超人：防彈飲食計畫讓你更年輕、更長壽》（*Super Human : The Bulletproof Plan to Age Backward and Maybe Even Live Forever*，暫譯），戴夫・亞斯普雷（Dave Asprey）著
- 《可不可以不變老？：喚醒長壽基因的科學革命》（*Lifespan: Why We Age and Why We Don't Have To*），辛克萊（David A. Sinclair）、拉普蘭提（Matthew D. LaPlante）合著
- 《真確：扭轉十大直覺偏誤，發現事情比你想的美好》（*FACTFULNESS : Ten Reasons We're Wrong About the World--and Why Things Are Better Than You Think*），漢斯・羅斯林（Hans Rosling）、奧拉・羅斯林（Ola Rosling）、安娜・羅朗德（Anna Rosling Rönnlund）合著
- 《１００歲的人生戰略》（*The* 100-*Year Life : Living and Working in an Age of Longevity*），林達・葛瑞騰（Lynda Gratton）、安德魯・史考特（Andrew J. Scott）合著

- 《找回幹勁的八個開關》（*The 8 Motivational Challenges*，暫譯），海蒂．格蘭特．海佛森（Heidi Grant Halvorson）著
- 《NLP的原理和工具「語言和思考的心理學手法」應用手冊》（*Introducing NLP: Psychological Skills for Understanding and Influencing People*，暫譯），約瑟夫．奧康納（Joseph O' Connor）、約翰．西摩（John Seymour）合著
- 《駭客思考：最短最快改變世界方法論》（ハック思考 最短最速で世界が変わる方法論，暫譯），須藤憲司著
- 《天生愛學樣：發現鏡像神經元》（*Mirroring People: The New Science of How We Connect with Others*），馬可．雅各博尼（Marco Iacoboni）著
- 《五秒法則：倒數54321，衝了！全球百萬人實證的高效行動法，根治惰性，改變人生》（*The 5 Second Rule: Transform your Life, Work, and Confidence with Everyday Courage*），梅爾．羅賓斯（Mel Robbins）著
- 《喚醒你心中的大師：偷學48位大師精進的藝術，做個厲害的人》（*Mastery*），羅伯．葛林（Robert Greene）著

- 《最高休息法：腦科學×正念，全世界的菁英們都是這樣讓大腦休息》，久賀谷亮著

關於「視覺化練習」：https://business.fit/power-visualization/

關於「遺忘曲線」：https://uwaterloo.ca/campus-wellness/curve-forgetting

關於「瑜伽的練習與孩子的運動能力及社會行動的關係」：https://www.ncbi.nlm.nih.gov/pmc/articles/PMC4959326/

關於「四十五歲以上美國成人的睡眠時間與慢性疾病」：https://pubmed.ncbi.nlm.nih.gov/24082301/

關於「日本的睡眠時間與死亡率」：https://pubmed.ncbi.nlm.nih.gov/15369129/

關於「自噬」：https://ruo.mbl.co.jp/bio/product/autophagy/autophagy.html

ideaman 145

最短時間，最高效率！50個超學習法

原著書名——最短で結果が出る「超・学習法」ベスト50
原出版社——きずな出版
作者——井口晃
插圖——池上幸一

譯者——韓宛庭
責任編輯——劉枚瑛
版權——吳亭儀、江欣瑜、林易萱
行銷業務——黃崇華、賴正祐、周佑潔、賴玉嵐、華華

總編輯——何宜珍
總經理——彭之琬
事業群總經理——黃淑貞
發行人——何飛鵬
法律顧問——元禾法律事務所 王子文律師
出版——商周出版
台北市104中山區民生東路二段141號9樓
電話：(02) 2500-7008 傳真：(02) 2500-7759
E-mail：bwp.service@cite.com.tw
Blog：http://bwp25007008.pixnet.net./blog
發行——英屬蓋曼群島商家庭傳媒股份有限公司城邦分公司
台北市104中山區民生東路二段141號2樓
書虫客服專線：(02)2500-7718、(02) 2500-7719
服務時間：週一至週五上午09:30-12:00；下午13:30-17:00
24小時傳真專線：(02) 2500-1990；(02) 2500-1991
劃撥帳號：19863813 戶名：書虫股份有限公司
讀者服務信箱：service@readingclub.com.tw
城邦讀書花園：www.cite.com.tw
香港發行所——城邦(香港)出版集團有限公司
香港灣仔駱克道193號超商業中心1樓
電話：(852) 25086231傳真：(852) 25789337
E-mailL：hkcite@biznetvigator.com
馬新發行所——城邦(馬新)出版集團【Cité (M) Sdn. Bhd】
41, Jalan Radin Anum, Bandar Baru Sri Petaling,
57000 Kuala Lumpur, Malaysia.
電話：(603)90578822 傳真：(603)90576622
E-mail：cite@cite.com.my

美術設計——copy
印刷——卡樂彩色製版有限公司
經銷商——聯合發行股份有限公司 電話：(02)2917-8022 傳真：(02)2911-0053

2022年（民111）8月2日初版
定價390元 Printed in Taiwan
ISBN 978-626-318-354-4
ISBN 978-626-318-370-4（EPUB）

城邦讀書花園 www.cite.com.tw

線上版讀者回函卡

國家圖書館出版品預行編目(CIP)資料

最短時間，最高效率！50個超學習法/井口晃著；韓宛庭譯. -- 初版. -- 臺北市：商周出版：英屬蓋曼群島商家庭傳媒股份有限公司城邦分公司發行, 民111.08
320面；14.8×21公分. -- (ideaman；145)
譯自：最短で結果が出る「超・学習法」ベスト50
ISBN 978-626-318-354-4(平裝)
1. CST: 學習方法 521.1 111009978

Idea man

Idea man

Idea man